Curt Blanckenburg

Studien über die Sprache Abrahams a S. Clara

Ein Beitrag zur Geschichte der deutschen Drucksprache im 17. und 18. Jahrhundert

Curt Blanckenburg

Studien über die Sprache Abrahams a S. Clara
Ein Beitrag zur Geschichte der deutschen Drucksprache im 17. und 18. Jahrhundert

ISBN/EAN: 9783743657298

Hergestellt in Europa, USA, Kanada, Australien, Japan

Cover: Foto ©ninafisch / pixelio.de

Weitere Bücher finden Sie auf **www.hansebooks.com**

STUDIEN
ÜBER
DIE SPRACHE ABRAHAMS A S. CLARA.

EIN BEITRAG
ZUR GESCHICHTE DER DEUTSCHEN DRUCKSPRACHE
IM 17. UND 18. JAHRHUNDERT

VON

CURT BLANCKENBURG.

Inhalt.

	Seite
Einleitung	1
Verzeichnis der benutzten Drucke Abrahams	12
Verzeichnis anderer benutzter katholischer Schriftsteller	13
Verzeichnis der benutzten älteren Grammatiker	14
Verzeichnis der benutzten neueren Litteratur	15

Vocalismus.

I. Quantität in haupttoniger Silbe.
  1. Erhaltung alter in der nhd. Gemeinsprache gedehnter Kürze . 17
  2. Verkürzung alter in der nhd. Gemeinsprache erhaltener Länge . 20
  3. Dehnung alter in der nhd. Gemeinsprache bewahrter Kürze . 22
  4. Erhaltung alter in der nhd. Gemeinsprache verkürzter Länge 23
  Anhang: Die Bezeichnung der Längen 24

II. Synkope und Apokope.
  1. Synkope: *-l, -r,* für hochd. *-el, -er;* Sxnkope von *e* in *-elen, -eren;* in der Partikel *ge;* in der Genetiv-Endung *-es* . . . 26
  2. Apokope 29

III. Umlaut.
  Vorbemerkungen 30
  1. Das umlautwirkende *i* steht in der nächsten Silbe 33
  2. Das umlautwirkende *i* steht in der zweitnächsten Silbe . . 37
  Anhang: Schreibweise der umgelauteten *a* und *â* 38

IV. Monophthongierung und Diphthongierung.
  1. Monophthongierung von *ie* und *uo* 39
  2. Der alte und der neue Diphthong *ei* 41

V. Einzelne Eigentümlichkeiten des Vocalsystems
  1. Uebergänge zwischen benachbarten Lauten: $\check{e}, e > i; o > \hat{u}; u > o; \hat{u} > \hat{o}; \hat{a} > \hat{o}$ 43
  2. Uebergänge zwischen *e, i, ei* und *ô, û, eu:* Vocalrundung und Entrundung 44

Consonantismus.

VI. Schwanken zwischen harten und weichen Consonanten.
  Vorbemerkungen 52
  1. Die dentalen Verschlusslaute: im Anlaut Wechsel zwischen *d* und *t* für mhd. *d* und *t*; im In- und Auslaut Wechsel zwischen *d, dt* und *t* teils für mhd. *d* teils für mhd. *t* . 53

　　　　　　　　　　　　　　　　　　　　　　　　　　Seite
　2. Die labialen Verschlusslaute: im Anlaut Schwanken zwischen
　　　b und p für mhd. b oder p; desgleichen im Inlaut 59
　3. Spiranten: mhd. s im Inlaut und Auslaut; mhd z im Inlaut
　　　und Auslaut; mhd. ss 63
VII. Epithese von Consonanten.
　　1. Epithese von t oder d 64
　　2. Epithese von b nach m 65
VIII. Einzelheiten aus dem Consonantismus.
　　1. ch für nhd. h 67
　　2. ch für k im Auslaut nach Liquiden 68
　　3. Wechsel von pf und f 68
　　4. Erhaltenes altes mb, mp gegenüber gemeind. m, mm . . . 69
　　　Anhang: Consonantenhäufung 69

　　　　　　　　　　　　　Flexion.
IX. Verbalflexion.
　　1. Starke Verba: 1. Sing. Ind. Praes nach alter Weise mit i;
　　　2. Pers. Imp. mit angehängtem e; 1. und 3. Pers. Praet. mit
　　　angehängtem e; Starke Verba mit sw. Praet.; Starke Verba
　　　mit sw. Participien oder falsch gebildeten starken; ge beim
　　　Partic. Praet. 71
　　2. Schwache Verba: Synkope bei Dentalstämmen; Umlaut im
　　　Praet. und Partic. von nennen, kennen, brennen; Schwache
　　　Verba mit Participien starker Bildung 76
　　3. Flexion von sein, wollen, stehen, thun 77
X. Nominalflexion.
　　1. Substantiva: Plurale alter st. Masculina u. Neutra abweichend
　　　vom Nhd. auf er; Starke Masculina und Neutra auf er und
　　　el mit sw. Pluralform: Schwache Sing. Femin. generis; Schwache
　　　Masculina mit dem Genetiv auf ens; Geschlecht der Substantiva 78
　　2. Adjectiva 82
　　3. Pronomina 84

　　　　　Einzelheiten aus der Wortbildung.
　　1. Substantiva 86
　　2. Adjectiva 86
　　3. Adverbia 86
　　4. Comparation 87

Einleitung.

Um die Zeit, in welcher das protestantische Deutschland seine Spener, Francke, Leibnitz und Wolff hatte und sich in Gemüt und Erkenntnis hoch erhob, wusste unter den Katholiken eine grosse Gemeinde andächtiger Hörer um sich zu sammeln der oberdeutsche Prediger und Satiriker Pater Abraham a Sancta Clara, dessen kernhafte, lebensfrische, etwas burleske Persönlichkeit und drastische Schriftstellerei auch heute noch in weiteren Kreisen lebendig ist durch Schillers Capuzinerpredigt. Aber wenn auch seine kräftigen, fesselnden Worte starke sittliche Erregung, beweglichen Verstand und lebhaften Witz verraten, so besass dieser Mann doch religiöse Tendenzen von tieferem Gehalte kaum und geistig befand er sich noch ganz auf dem Standpunkt einer um wenigstens 100 Jahre zurückliegenden Zeit. Abraham setzt bekanntlich einerseits die Reihe jener grossen oberdeutschen volkstümlichen Prediger wie Berthold von Regensburg und Geiler von Kaisersberg fort, die zwar danach trachten, die Sittlichkeit ihrer Zeit mit scharfen, strafenden Worten ernstlich zu heben, die aber um starker Wirkungen willen an das Komische streifenden Ausdruck suchen, ihre geistliche Würde vielfach ausser Augen lassen und ihrer Predigt oft mehr den Charakter einer anziehenden Unterhaltung als wahrhaften Erbauung geben. Anderseits schliesst er sich jenen Schriftstellern an, die durch Satire auf alle Stände das Volk zu bessern suchten und von denen namentlich Sebastian Brant durch sein 'Narrenschiff' und Thomas Murner durch seine 'Narrenbeschwörung' eine langdauernde Wirkung ausübten. Besonders Abrahams 'Narrennest' erscheint — schon durch seinen Titel — als ein Nachklang jener alten viel gepflegten Gattung der Satire.

Wie Abrahams Predigtmanier und satirische Schriften ältere oberdeutsche Traditionen fortsetzen, trägt auch seine Sprache im Vergleich zu der gleichzeitiger protestantischer Schriftsteller wie z. B. Spener, Francke, Scriver, P. Gerhardt u. a. einen altertümlichen Charakter. Dies erklärt sich aus der Stellung, die überhaupt die Katholiken zu der Entwicklung der nhd. Schriftsprache einnahmen. Es ist eine von der neueren Forschung je länger je mehr erkannte Thatsache, dass für die Einigung der nhd. Schriftsprache, deren Entwicklung bereits geraume Zeit vor Luther begann, aber erst etwa um 1800 zum Abschluss kam, ein grosses Hindernis das ablehnende Verhalten der katholischen Landschaften gewesen ist. Burdach hebt (Einigung, S. 9) besonders nachdrücklich hervor, welcher Schaden durch diesen zugleich mit der Trennung der Confessionen auftretenden Zwiespalt der Gemeinsprache erwuchs. 'Durch die deutsche Bibelübersetzung', sagt er, 'konnte Luther die Stammesgegensätze auf dem Gebiet der Sprache mildern, denn die Protestanten erhielten ein gemeinsames deutsches Grundbuch, aber er führte einen neuen Gegensatz ein, der auch in der Entwicklung und Pflege der deutschen Schriftsprache lange und verhängnisvoll wirkte. Die Katholiken leisteten dem Vordringen der Gemeinsprache, deren Trägerin das ketzerische Deutsch war, zähen Widerstand... Ohne die Reformation wäre undenkbar, was in der Folge eintrat, dass die meisten Landschaften des katholischen Oberdeutschland um ganze Menschenalter und mehr hinter der Entwicklung der mittel- und norddeutschen Schriftsprache zurückblieben.' Dieser Gegensatz dauerte fort bis tief hinein in das 18. Jahrhundert (vgl. Burdach, Ueber d. Spr. d. j. Goethe; Kluge, Von Luther bis Lessing, Kap. 9). Noch 1730 sah sich Georg Lizel veranlasst zu der — schon von Kluge und Socin mit Recht in ihren Darstellungen verwerteten — Streitschrift: 'Der Undeutsche Katholik oder Historischer Bericht von der allzu groffen Nachläfigkeit der Römisch-Catholischen, infonderheit unter der Clerifey der

---

[1] Vgl. K. Burdach, Die Einigung der nhd. Schriftsprache, Halle 1884 und mehr noch: 'Ueber die Sprache des jungen Goethe' (Verhandlungen der Dessauer Philologenversammlung, Leipzig 1885, S. 166 ff.), ferner die bekannten Schriften von Kluge, Socin, Brandstetter, Scheel u. s. w.

Jesuiten, in Verbefferung der deutschen Sprache und Poesie."

Beachtung verdient, dass der Verfasser dieser heftigen Invective gegen die stark mundartlich gefärbte Schriftsprache der oberdeutschen Katholiken selbst von Geburt ein Oberdeutscher, aber lutherischer Confession, gewesen ist. Die Anregung zu seiner Streitschrift wie nicht minder zu der sie ergänzenden Jesuitenpoesie, die übrigens auch ein paar Gedichte Abrahams enthält, hat er zweifellos auf ostmitteldeutschem Boden empfangen und zwar während seines Studiums auf den Universitäten Halle, Wittenberg, Leipzig und Jena gegen Ende der zwanziger und Anfang der dreissiger Jahre des vorigen Jahrhunderts. Wie die schwäbischen Protestanten so häufig hat auch er seine Bildung auf den alten Hochburgen der Reformation gesucht. Hier, namentlich in Leipzig und Jena, herrschten gerade damals bekanntlich[1]) besonders rege Bestrebungen um die Spracheinigung auf mitteldeutscher Grundlage. Diese suchten vor allem auch auf andere Gebiete, zumal nach Oberdeutschland, hinüberzuwirken. Durch sie mag Lizel bestimmt worden sein, jene beiden genannten Bücher zu verfassen. Der Leipziger deutschen Gesellschaft scheint er zwar, soweit ich sehe,[2]) damals nicht angehört zu haben, auch später erst als Conrector am Gymnasium zu Speier wurde er Mitglied der Deutschen gelehrten Gesellschaft zu Jena. Gleichwohl wird er, wie man annehmen kann, schon in seinen Studienjahren irgend welche Beziehungen zu jenen Vereinigungen und ihren Interessen gehabt haben. Im Einklang mit ihnen und über sie hinausgehend trieb er, obgleich von Fach Theologe, mit grossem Eifer deutsche Studien aus einer damals noch ganz vereinzelten wissenschaftlichen Auffassung heraus, an der besonders die Richtung auf das Historische auffällt. Schon in Strassburg hatte er zur Herausgabe des Schilterschen Thesaurus antiquitatum germaniae sehr viel bei-

---

[1]) Vgl. Burdach, Ueber die Sprache des jungen Goethe; Eugen Wolff, Gottscheds Stellung im deutschen Bildungsleben, Bd. I, Kiel und Leipzig 1895, Kap. I.

[2]) In den „Nachrichten von der Deutschen Gesellschaft zu Leipzig, Bis auf das Jahr 1731 fortgesetzt, Leipzig 1731" wird wenigstens unter den zwischen 1727—31 aufgenommenen Mitgliedern Lizels Name nicht mitgenannt.

getragen. Gelehrte Kenntnis der humanistischen Dichtung Deutschlands verrät seine 'Historia Poëtarum Graecorum Germaniae, a renatis litteris ad nostra usque tempora, ubi eorum vitae, poëmata et in priscos Poëtas Graecos merita recensentur. Francof. et Lips. 1730'. Zu seinen übrigen, theologischen und antiquarischen Schriften sowie der 'Epitome grammaticae hebraicae' vergleiche Meusel, Lexicon der vom Jahr 1750 bis 1800 verstorbenen teutschen Schriftsteller, Bd. 8. S. 298 ff. Auch als Verfasser deutscher und lateinischer Gedichte hat er sich einen Ruf erworben (vgl. 'Das gedoppelte Jubelfest der teutschen Poesie, in teutschen Versen. Ulm 1717' und besonders die lateinische Uebersetzung deutscher Kirchenlieder: 'Studiosus modulans etc.. Strassburg 1727'): ja er wurde sogar kaiserlich-königlich gekrönter Poët. Wenn ihn übrigens Kluge ('Von Luther bis Lessing', S. 130) 'Jenaer Professor' nennt, so beruht das, wie meine Erkundigungen in Jena ergeben haben, auf Irrtum. Er erwarb sich zwar dort etwa 1730 die Magisterwürde, als Professor lässt er sich aber weder in den Vorlesungsverzeichnissen der Zeit noch sonst nachweisen, z. B. findet er sich auch nicht bei Günther, Lebensskizzen der Professoren der Universität Jena seit 1558 bis 1858. Ueber seinen weiteren Lebenslauf geben die bekannten Hilfsmittel genügende Auskunft. (Meusel, Lexicon der vom Jahr 1750 bis 1800 verstorbenen teutschen Schriftsteller, Bd. 8. S. 298 ff.; Rotermunds Fortsetzung zu Jöchers Gelehrten Lexicon. Bd. 3. S. 1975 ff., Allgemeine Deutsche Biographie, Bd. XIX, S. 22.)

Gegen Ende der Vorrede der von patriotischer Begeisterung für die deutsche Sprache durchdrungenen obengenannten Streitschrift heisst es nun: 'Die Protestanten haben sich bißher ungemein bemühet, die verborgene Schätze unsrer Sprache zu entdeken, und zum gemeinen Gebrauch mit zu teilen. Sie sind auch hierinnen glüklich gewesen, und haben es dahin gebracht, daß sie sich ihrer Arbeiten nicht schämen dörfen. Nur wäre zu wünschen, daß auch die Herren Catholiken diesem Exempel nach gefolget, und das ihrige zur allgemeinen Aufnahme beygetragen hätten. Aber da muß man gerechte Klagen führen über ihre Nachläßigkeit, die ebenso groß, ja noch größer ist, als der Fleiß, welchen sie auf ausländische Sprachen wenden. Insonderheit aber ist die Faulheit der Clerisey

nicht zu entschuldigen, welche so verhärtet und so alt ist, als
die Clerisey selbsten. Von den Zeiten Carls des Großen an
biß auf die Reformation haben sich unter den Laien einige
hervorgethan, die sich um die deutsche Sprache und derselben
Verbesserung bekümmert haben; Selbsten die Kaiser, Fürsten
und vornehme Standes=Personen haben sich euserst bemühet,
durch Geseze, eigene Handanlegung und andere Mittel die
Richtigkeit der Sprache aus zu breiten; aber sie haben vor
dem mächtigen Schwarm der faulen Pfaffen nicht durchdringen
und ihren Zweck erreichen können. Daß solches heute zu
Tage nicht geschiehet, sind wol die Jesuiten, welche allen
guten Verfassungen widerstreben, die stärkste Hindernis. Denn
gleichwie sie bei ihrem alten Schlendrian bleiben, und sich in
allen Wissenschaften um nichts gründliches bestreben, also
wollen sie lieber bey ihrer groben Sprache verharren, als die-
selbe an sich und ihren Glaubensbrüdern ändern.' Ist auch in
diesem protestantisch-rationalistischen Parteiurteil der land-
schaftliche Gegensatz auf dem Gebiet der Sprache verkannt
und mit Uebertreibung und Einseitigkeit der bloss confessionelle
zur Erklärung der bestehenden Differenz allein geltend ge-
macht, so enthält es doch sehr viel Wahres für die Zeit. Aber
nur wenig haben damals solche Worte auf katholischem Boden
gefruchtet, denn es dauerte immer noch eine geraume Weile,
ehe man sich auch hier allgemein dem Bestreben der Pro-
testanten um die Einigung der Schriftsprache anschloss. Noch
sechs Jahre nach dem Hervortreten von Lizels Invective wird
im Parnassus boicus, einer in Baiern erscheinenden jesu-
itischen Monatsschrift, im 30. Bericht (München 1736. S. 69 ff.),
die Unthätigkeit der Katholiken nicht bloss zugestanden, son-
dern vielmehr noch damit gerechtfertigt, dass das Bemühen
Einzelner um die Litteratursprache überhaupt nutzlos sei und
eine Einigung nur durch 'eine allgemeine deutsche Sprach-
gesellschaft, welche zur Entscheidung der zweifelhaftigen
Punkten berechtiget seye' erreicht werden könne. 'Die Herren
Lutheraner', heisst es — die Aeusserung diene gleichzeitig
als Sprachprobe und zum Vergleich mit dem Deutsch des
schwäbischen Lutheraners — 'geben sich zwar von vielen
Jahren her ungemeine Bemühungen und seynd äußerist ge=
flissen, die teutsche Sprach immer zu verbessern. Vor anderen

laſſen sich die bey ihnen von Zeit zu Zeit entstandene gelehrte Geſellschaften solches Werck am eyfrigisten angelegen seyn: Jedoch alle dieſe Anſtalt= und Bemühungen seynd bey weitem nicht hinlänglich, ein allgemein verbeſſerte, durchaus gleich= lautende Mund= und Schreib=Ordnung in Teutschland ein= zuführen. Wann nun die Catholische, in Erwartung einer solchen allgemeinen und bevollmächtigten Sprach=Gesellschaft, in Ausübung der teutschen Zungen, umb nit vergebens zu ar= beiten, sich wenig Mühe kosten laſſen, sondern entzwischen die Recht=Schreib=Kunſt denen Cantzley=Schreibern und Buchdruckern gleichsam preyß geben, kan ihnen meines Bedunckens solches gewißlich mit Fueg von niemand verdenckt werden'. Nach diesen Worten kann man sich auch nicht wundern, dass noch im Jahre 1755 das Bemühen Gottscheds um die Schriftsprache heftigen Widerspruch erfährt. Es geschah in der — zuerst von K. Burdach (Ueber die Sprache des jungen Goethe a. a. O. S. 169 f.) und dann auch von Kluge (Von Luther bis Lessing) u. a. ausführlich besprochenen und charakterisierten — Schrift des Paters Augustin Dornblüth: 'Observationes | oder | Gründliche ¦ Anmerckungen | über die Art und Weiſe | eine gute Uberſetzung | besonders | in die teutsche Sprach | zu machen ¦ etc., Augſpurg 1755', die schon durch die Sprach= formen ihres nach alter Art weitschweifigen Titels (*Fehleren, Sprach, unentpärlichen, Bücheren, Taglieeht*) sich auf den Standpunkt der längst verflossenen Aera stellt und die Schreibweise des 16. Jahrhunderts festhält.

Erst später, nachdem im Gegensatz zu solchen Fanatikern auch Katholiken, wie der Jesuit Ignaz Weitenauer an der Universität Freiburg und andere, mit Entschiedenheit und Energie für die allgemeine Litteratursprache eingetreten waren, gewannen die Bemühungen um die Einigung auch in den oberdeutschen katholischen Landschaften weitere Verbreitung (vgl. K. Burdach, Ueber die Sprache des jungen Goethe: Kluge, Von Luther bis Lessing; Socin, Schriftsprache und Dialekte).

Der Typus nun eines von der gemeinsprachlichen Bewegung unberührten katholischen oberdeutschen Schriftstellers um die Wende des 17. Jahrhunderts ist Abraham a S. Clara.

Seine Sprache trägt deutlich die Züge der oberdeutschen Mundarten, unter deren Einfluss er gestanden hat. Bekanntlich wurde er [am 2. Juni 1644] zu Kreenheinstetten unweit Messkirch im heutigen badischen Seekreis geboren. Seine eigentliche Muttersprache ist also der west-oberschwäbische Dialekt (westlich vom Iller, im oberen Donaugebiet, südlich der Donau). Von schwäbischen Idiotismen findet sich bei Abraham z. B. würklich in der Bedeutung von gegenwärtig ['Narrn'. 1703, S. 14: 'er brache bey nachtlicher Weil in ihre Behausung, allwo sie würklich in Andacht und Betrachtung begriffen'], Mücke = Fliege ['Narrn'. 1703, S. 68: 'da er aber vermerckt, daß ein Mucken oder Fliegen im Wein schwimme']. Blaß = Stirne ['Auff'. Neudruck S. 80, 21: 'David hätte dem Goliath nicht so genau an die Stirn oder Blaß getroffen'].[1]) ropfen = sich tüchtig herumschlagen ['Mercks-Wien'. Wien 1680, S. 139].[2]) Muder = trauriger Kerl ['Mercks-Wien'. Wien 1680, S. 90].[3]) Schwäbisch und bairisch ist günnen, mundartlich ginnen = das Maul weit aufthun ['Auff'. Neudruck S. 123, 36].[4]) man wird dirs küchlen = so machen, wie du es wünschest (spottw.) ['Mercks-Wien'. Wien 1680. S. 74].[5]) Holz klieben = spalten ['Narrn'. 1703. S. 63].[6]) ein Schaab Stroh = Bund Stroh ['Mercks-Wien'. S. 102].[7]) Gifpel = närrischer Kerl ['Narrn'. S. 79].[8]) Schärfer aber als der schwäbische Dialekt tritt bei Abraham der bairische hervor. Schon sehr früh wurde er ja von ihm beeinflusst. Nachdem er zu Messkirch den ersten Unterricht erhalten hatte, ging er zu Ingolstadt bei den Jesuiten bis 1659 in die Schule, dann bis 1662 bei den Benedictinern zu Salzburg an der bairisch-östreichischen Grenze. Bald darauf, nachdem er im Augustiner-Barfüsser Kloster Mariabrunn bei Wien sein Noviziatjahr beendet hatte, kehrte er, als Prediger in das Kloster Taxa gesandt.

[1]) Siehe Chr. v. Schmid, Schwäbisches Wörterbuch, Stuttgart 1844. Seite 72.
[2]) Schmid, S. 435.
[3]) Vgl. Schmid, S. 378 mutteln, muttern, muttel, mutterig. Lexer, Kärnt. Wb., S. 187 maudern = kränklich, mürrisch sein.
[4]) Schmid, S. 231; Schmeller, bair. Wb., II, 52.
[5]) Schmid, S. 330; Schmeller II, 279.
[6]) Schmid, S. 316 und 317; Schmeller II, 351.
[7]) Schmid, S. 453; Hügel, S. 133.
[8]) Schmid, S. 231; Hügel, S. 205; Castelli, S. 140.

auf bairischem Boden zurück. Seit 1668 bis zu seinem Tode am 1. Dezember 1709 war bekanntlich, mit einer Unterbrechung von sieben Jahren (1682—89), während welcher wir ihn am St. Anna Kloster zu Graz (Steiermark) finden, Wien die Stätte seines Wirkens. Dass hier, wie auch die folgende Untersuchung aufs neue zeigen wird, der in Baiern gebildete Schwabe in Sprache und Denkweise rasch völlig einwurzelt, kann bei der nahen Verwandtschaft des Bairischen und Oesterreichischen nicht auffallen.

Die so stark oberdeutsch-dialektisch gefärbte Sprache Abrahams, wie sie in den Originalausgaben vorliegt, ist nun aber keineswegs von allen Druckern treu bewahrt worden. Vielmehr haben diejenigen, welche in ihrer Officin schon mehr und mehr die sich bildende Gemeinsprache zum Muster nahmen, Abrahams Deutsch vielfach verändert. Insbesondere thaten das die nicht aus Oberdeutschland stammenden Drucker. Namentlich ist in den späteren Editionen, zumal in den mitteldeutschen, das Streben unverkennbar, die Sprache Abrahams von den mundartlichen Idiotismen zu befreien und dem vorschwebenden Bilde der allgemeinen Einheitssprache zu nähern. Freilich ist diese Entwicklung keine geradlinige, denn die Wandlungen sind weder immer consequent durchgeführt noch jedes Mal dem Fortschreiten der Gemeinsprache angepasst. Eine Darstellung indessen der Sprache Abrahams, welche die Aenderungen zum Vergleich heranzieht, die sie in den verschiedenen späteren Ausgaben seiner Werke erfuhr, muss wohl geeignet erscheinen, uns ein Bild von der Entwicklung der neuhochdeutschen Drucksprache im 17. und beginnenden 18. Jahrhundert zu geben.

Damit ist die Aufgabe bezeichnet, welche ich mir in der vorliegenden Arbeit gestellt habe.

Bei einer solchen Untersuchung ist aber die Beantwortung folgender Fragen unumgänglich: wieviel ist in Abrahams Sprache individuell? wieviel typisch oberdeutsch, speciell wie verhält sich die schriftstellerische Praxis der oberdeutschen Autoren zu dem theoretischen Sprachbewusstsein Oberdeutschlands, wie zu dem Mitteldeutschlands? Um dies zu entscheiden, berücksichtige ich einerseits auch die Sprache anderer oberdeutscher Schriftsteller, andererseits die Weisungen sowohl oberdeutscher wie mitteldeutscher Grammatiker, namentlich für einzelne in jener Zeit besonders schwankende Erscheinungen. Ueber die Sprache Abrahams selbst giebt es bereits eine Zusammenstellung von Fr. Lauchert in Birlingers Zeitschrift 'Alemannia', Bd. XVII, Jahrgang 1889, Seite 77 ff. Leider aber hat sich der Verfasser bei dieser Arbeit, wie es doch erforderlich gewesen wäre, auf die Originaldrucke nicht berschränkt, sondern auch spätere Nachdrucke gleichwertig benutzt. Diese bestehen in folgenden Ausgaben, die Lauchert u. a. mit anführt:

1. Judas der Ertzschelm, Salzburg 1710. Die ersten Ausgaben erschienen aber bereits: Bd. I 1686; Bd. II 1689; Bd. III 1692; Bd. IV 1695.
2. Reimb Dich oder ich liß Dich, Salzburg 1708. Die erste Ausgabe kam bereits Salzburg 1684 heraus.
3. Geistlicher Kramerladen, Würzburg 1725. Die erste Ausgabe erschien Würzburg 1710.
4. Etwas für Alle. I. Würzburg 1699. II. 1711. III. 1733. Original ist aber nur die Ausgabe von 1699.

Wie verschieden die Sprache der ersten Ausgaben von der späterer ist, welchen Wandlungen sie in den Nachdrucken unterworfen war, habe ich soeben ausgesprochen und wird sich im folgenden des nähern zeigen. Musste nicht durch gleichwertige Benutzung der ersten wie späteren Ausgaben ein ungetreues und von vornherein unglaubwürdiges Bild entstehen? War es schon hierdurch unvermeidlich, dass unechte Bestandteile in die Darstellung mit Aufnahme fanden, so wurde dieser Schaden noch grösser durch Ben*u*tzung von zwei unechten Schriften. Lauchert führt nämlich mit an: Mercurialis oder Wintergrün. Dieses Werk ist aber, wie Scherer schon im Jahre 1867 (Zf. für östr. Gymn. 1867, Bd. 18, S. 49—55 = Kleine Schriften II, S. 320) nachgewiesen hat, nur fälschlich Abraham zugeschrieben worden.

Ausserdem hat Lauchert das Narrennest nur in den späten Nachdrucken, die Passau und Lindau 1834—54 erschienen, benutzt. Zu diesem Druck ist aber nicht die echte, sondern die durch unechte Bestandteile vermehrte Ausgabe von 1753, betitelt: 'Wunderwürdiges ganz neu ausgehecktes Narren=Nest etc.', die Vorlage gewesen. Als erste Ausgabe galt bisher, nachdem sich Karajans Ausgabe (Abraham a S.

Clara. Wien 1867. S. 320, 364). wonach sie ins Jahr 1707 fallen sollte, als irrig herausgestellt hatte, der von Scherer entdeckte Druck: Salzburg 1710. Da Abraham am 1. Dezember 1709 starb, konnte das Schriftchen recht wohl kurz vor seinem Ende verfasst und gedruckt, dann aber erst nach seinem Tode zu Neujahr 1710 veröffentlicht worden sein. In bezug hierauf teilt mir indessen Professor Burdach freundlichst mit: 'Diese Combinationen fallen zu Boden, da sich in meinem Besitz ein Druck vom Jahr 1703 befindet, dessen genauer Titel lautet: 'Wunderlicher Traum | Von einem groſſen | Narren⸗Nest. | Welches | Gaudentius Hilarion wider | alles Verhoffen gefunden, und auſſ⸗ | genommen. | Allen reſpective gut meinenden Ge⸗|müteren, die da ein sittliche Lehr, sambt | einer erſprieſlichen Zeitvertreibung nicht , waigeren. | Für ein Neujahrs⸗ | Schanckung offeriret | Von P. Abraham Augustiner⸗ | Barfüſſer⸗ Ordens, käyſerl. Predi⸗ | gern, vnd Provinz⸗Definitorn. | Cum Permissu Superiorum. Gedruckt zu Saltzburg bey Melchior | Haan. Einer Löbl. Land⸗ schafft vnd Stadt⸗Buch⸗|Druckern und Handlern. | Im Jahr Christi 1703' (91 bezifferte Seiten, kl. 8º.). Leider fehlen meinem Exemplar die Seiten 47—62. Voran geht ihm ein allegorisches Kupfer, das sich auf den Namen der Satire bezieht: wir sehen einen Garten im Barockgeschmack, mit beschnittenen Bäumen, abgezirkelten Beeten und Springbrunnen, umgeben von einer durch Nischen mit Bildwerken geschmückten Mauer; rechts im Vordergrund ruht an einem Säulenpavillon, wie es scheint auf den Stufen einer Treppe, der schlafende Hilarion, links steht ein in seinem Wachstum nicht durch falsche Kunst verkümmerter Baum, der ein Nest trägt, aus dem eine Anzahl Narrenköpfe mit Schellenkappen hervorschauen, daran angelehnt ein Leiter; am Fuss derselben liegt eine Narrenkappe.
 — Eine zweite bisher nicht beachtete Ausgabe, die noch bei Lebzeiten des Verfassers erschien, besitzt die Münchener Hof- und Staatsbibliothek. Sie ist vom Jahre 1705: der Titel weicht von dem der ersten Ausgabe nur durch unbedeutende Varianten der Schreibung ab (*vnd, Gemütheren, samt, kayserl.*), sowie durch die Verlagsangabe: 'Erstlich gedruckt zu Saltzburg | bey Melchior Han | Im Jahr Christi 1705.' Merkwürdig, dass der legitime Verleger die neue Auflage als erste bezeichnet.

Das Publicum dieser Art Schriften legte, wie man daraus sieht, auf nichts grössern Wert als auf die Neuheit der litterarischen Waren. Und diesem Anspruch zu Lieb gestattet sich der geschäftskundige Buchhändler die kleine Lüge. Dem Münchener Exemplar fehlt das Kupfer.'

Laucherts Sammlungen werden jedoch durch vorliegende Arbeit nicht völlig entbehrlich gemacht. Denn ich bezwecke nicht, ein Gesamtbild der Sprache Abrahams zu geben, sondern in der schon oben geschilderten Weise einen Beitrag zur Erkenntnis ihrer Schicksale in den Drucken. Zu diesem Zwecke habe ich meiner Untersuchung Werke sowohl der älteren wie der jüngeren schriftstellerischen Zeit Abrahams zu Grunde gelegt und die authentische Gestalt seiner Sprache, wie sie in den Originalausgaben vorliegt, verglichen mit ihrer Umwandlung in den Nachdrucken.

Zum Schlusse möchte ich nicht unerwähnt lassen, dass ich zu ganz besonderem Danke Herrn Professor Dr. K. Burdach verpflichtet bin, der mir die Anregung zu dieser Arbeit gegeben und sie dadurch lebhaft gefördert hat, dass er mir reichliches Material zugänglich gemacht, seine eigenen Collationen der drei ältesten Ausgaben des 'Narrnnestes' zur Verfügung gestellt und bereitwilligst mit Rat mir zur Seite gestanden hat. Auch Herrn Professor Dr. Strauch sage ich meinen verbindlichsten Dank dafür, dass er mich durch mehrfache gefällige Hilfe unterstützt hat.

Verzeichnis der benutzten Drucke Abrahams.

Gr = Oesterreichisches Deo Gratias:
   W 80¹ = Wien 1680 bei P. P. Vivian. 4⁰.
   W 80ˢ = Wien 1680 bei P. P. Vivian. 8⁰.
   S 84 = Salzburg 1684 bei M. Haan. 4⁰.
   S 87 = Salzburg 1687 bei M. Haan. 4⁰.
   S 88 = Salzburg 1688 bei M. Haan. 4⁰.
   [Die drei letzten Drucke aus der Sammlung: 'Reimb Dich oder ich ließ Dich.']
   Le 88 = Lucern 1688 [aus 'Reimb Dich'. Lucern 1688]. 4⁰.
   Wbg 1710 = Würzburg 1710 (Kramerladen) bei M. Hertz. 4⁰.

M = Mercks Wienn:
   W 80 = Wien 1680 bei P. P. Vivian. 8⁰.
   S 84 = Salzburg 1684 [Reimb Dich] bei M. Haan. 4⁰.
   S 87 = Salzburg 1687 [Reimb Dich] bei M. Haan. 4⁰.
   Le 88 = Lucern 1688 [Reimb Dich]. 4⁰.

L = Lösch Wienn:
   W 80 = Wien 1680 bei P. P. Vivian. 8⁰.
   S 84 = Salzburg 1684 [Reimb Dich]. 4⁰.
   S 87 = Salzburg 1687 [Reimb Dich]. 4⁰.
   Le 88 = Lucern 1688 [Reimb Dich]. 4⁰.

A = Auff Auff Ihr Christen:
   W 83a = Wien 1683 bei van Gehlen. 8⁰.
   W 83b = Wien 1683 den 8. Julii bei van Gehlen. 8⁰.
   W 83n = Wien 1683 bei van Gehlen. 8⁰. [Neudruck von Sauer 1883.]
   S 83 = Salzburg 1683 bei M. Haan. 8⁰. [Einzeldruck.]
   S 84 = Salzburg 1684 [Reimb Dich]. 4⁰.

S 87 = Salzburg 1687 [Reimb Dich]. 4⁰.
Le 88 = Lucern 1688 [Reimb Dich]. 4⁰.
C 93 = Cöln 1693 [Einzeldruck]. 4⁰.
S = Soldaten-Glory, d. i. von dem heil. Ritter Georgio:
S 84 = Salzburg 1684 [Reimb Dich]. 4⁰.
S 87 = Salzburg 1687 [Reimb Dich]. 4⁰.
S 88 = Salzburg 1688 [Reimb Dich]. 4⁰.
Wbg 1710 = Würzburg 1710 [Kramerladen] 4⁰.
N = Wunderlicher Traum Von einem groffen Narren-Nest:
S 1703 = Salzburg 1703 bei M. Haan. 8⁰.
S 1705 = Salzburg 1705 bei M. Haan. 8⁰.
S 1710 = Salzburg 1710 bei M. Haan. 8⁰.

Verzeichnis anderer benutzter katholischer Schriftsteller.

Brinzing. Predigten von Br., Strassburger Provintz Priestern und der Zeit Pfarrprediger bei U. L. Frauen in Bamberg. Stüfft Kempten 1677 und 1681; abgedruckt Zs. f. d. Phil. 24. 44.

Conrad von Salzburg. [1628—81.] Predigten von Conr. v. Salzb.; abgedruckt Zs. f. d. Phil. 24. 318.

Conlin. Der Christliche Welt=Weife beweinent die Thorheit der neu=entdeckten Narren=Welt etc. Von Alberto Josepho Lonein von Gominn. Augfpurg, bey Johann Stretter. 1706. Der Christliche Welt=Weife beweinet die Thorheit derer anderen fünff und zwantzig Närrinnen etc. Von Alberto Josepho Conlin, Pfarrern zu Moning im Rieß. Augfpurg, in Verlag Daniel Walders. 1711.

Heribert von Salurn [Tirol. 1637—1700]. Adolf Hueber, Ueber H. v. Sal., Beitrag zur Kunde deutscher Sprache am Ende des 17. Jahrh. Innsbruck 1872.

Deutsche Jesuiten=Poesie | Oder | Eine Sammlung | Catholischer Gedichte. | Welche | Zur Verbesserung | Allen Reimschmiden | wohlmeinend vorleget | Megalissus. | Franckfurth und Leipzig. | Verlegts Joh. Ehrenfried Müller 1731.

Parnassus boicus | Oder | Neu= eröffneter | Musen=Berg | Worauff | Verschiedene Denck= vnd Leß= | würdigkeiten auß der gelehrten Welt, | zumahlen aber auß denen Landen | zu Bayrn, abgehandlet werden. | Getruckt zu München, bey Joh. Luc | Straub. 1722 [ff. bis 1727]. Neufortgesetzter Parnassus boicus. Regenspurg. München, Ingolstadt 1736 bis 1740.

Grammatica religiosa von Abraham a S. Clara in lateinischer Sprach verfertiget, in diese mütterliche Sprach übersetzet durch einen einsamben Ordens=Geistlichen der Stadt Cöllen. Der erste Truck. Cöllen 1699. Frantz Metternich.

—

Verzeichnis der benutzten älteren Grammatiker.

Antesperg, Balthasar von. Die kayserliche Deutsche Grammatik, oder Kunst, die deutsche Sprache recht zu reden und ohne Fehler zu schreiben. Zweyte und verbesserte Edition. Wien den 30. Julii 1749.

Bödiker, Grund-Sätze der deutschen Sprachen im Reden und Schreiben. Cölln an der Spree 1690. Grundsäze der Teutschen Sprache mit dessen eigenen und Joh. Leonhard Frischens vollständigen Anmerkungen durch neue Zusäze vermehret von Joh. Jac. Wippel. Berlin 1746.

Chloreni Germani neu verbesserte teutsche Orthographie oder gründliche Anweisung, recht und nach der unter den heutigen Gelehrten üblichen Art zu schreiben. Franckfurt und Leipzig, verlegts G. Chr. Weber, Buchhändler in Nürnberg. 1735.

Freyer, Anweisung zur teutschen Orthographie. Halle 1722.

Girbert, Die deutsche Grammatica oder Sprachkunst. Mülhausen in Düringen 1653.

Gueintz. Die deutsche Rechtschreibung. Hall in Sachsen 1666.

Omeis. Gründliche Anleitung zur teutschen accuraten Reim= und Dichtkunst samt einem Beitrage von der teutschen Recht=Schreibung, worüber sich der Löbl. Pegnesische Blumen=Orden verglichen. Nürnberg. Gedruckt zu Altdorf 1704.

Sattler. Teutsche Orthographey und Phraseologey. Basel 1607.
Schottel. Ausführliche Arbeit von der Teutschen Haubt=
Sprache. Braunschweig 1663.

Verzeichnis der benutzten neueren Litteratur.

K. von Bahder, Grundlagen des nhd. Lautsystems. Strassburg 1890.

K. Bojunga. Die Entwicklung der nhd. Substantivflexion. Leipziger Diss. 1890.

K. Burdach. Die Einigung der nhd. Schriftsprache. Halle 1884.

—. Ueber die Sprache des jungen Goethe. Verhandlungen der 37. Versammlung deutscher Philologen und Schulmänner in Dessau. Leipzig 1885. S. 166 ff.

Castelli, Wörterbuch der Mundart in Oesterreich unter der Enns. Wien 1847.

H. Fischer, Geographie der schwäbischen Mundart. Tübingen 1895.

A. Heusler, Der alemannische Konsonantismus in der Mundart von Baselstadt. Strassburg 1888.

M. Höfer, Die Volksfprache in Oesterreich. Wien 1800.

Fr. S. Hügel, Der Wiener Dialekt. Lexicon der Wiener Volksfprache. Wien. Pest, Leipzig 1873.

Kauffmann, Geschichte der schwäbischen Mundart. Strassburg 1890.

Kehrein, Grammatik der deutschen Sprache des 15.—17. Jahrh. T. I und II. Leipzig 1854.

Kluge, Von Luther bis Lessing. 3 Aufl. Strassburg 1897.

Lexer, Kärntisches Wörterbuch. Leipzig 1862.

R. v. Muth, Die bairisch-österreichische Mundart. Wien 1873, Alfred Hölder. [10. Jahresber. der Oberrealschule in Krems.]

W. Nagl, Grammatische Analyse des niederösterreichischen Dialektes im Anschluss an den VI. Gesang des Roanad. Wien 1886. Die Conjugation des schwachen und starken Verbums im niederösterreichischen Dialekt. Wien 1883. Die Declination der drei Geschlechter des Substantivs im niederösterreichischen Dialekt. Wien 1884.

W. Scheel, Jaspar von Gennep und die Entwicklung der nhd. Schriftsprache in Cöln. Westdeut. Zs. f. Geschichte und Kunst. Ergänzungsheft VIII. 1893.

Schmeller, Die Mundarten Bayerns grammatisch dargestellt. München 1821. Bayrisches Wörterbuch. Tübingen und Stuttgart 1827—37.

Socin. Schriftsprache und Dialekte. Heilbronn 1888.

Weinhold, Über deutsche Dialektforschung. Die Laut- und Wortbildung und die Formen der schlesischen Mundart. Wien 1853 (Dial.) Mittelhochdeutsche Grammatik. 2. Aufl. Paderborn 1883 (= mhd. Gr.). Alemannische Grammatik. Berlin 1863 (= AGr.). Bairische Grammatik. Berlin 1867 (= BGr.).

Wilmanns. Die Orthographie in den Schulen Deutschlands. Berlin 1887. Deutsche Grammatik. T. I. Strassburg 1893.

Vocalismus.

I. Quantität in haupttoniger Silbe.

1. Erhaltung alter in der nhd. Gemeinsprache gedehnter Kürze in haupttoniger offener und geschlossener Silbe.

Einer der Hauptunterschiede des Neuhochdeutschen vom Mittelhochdeutschen besteht bekanntlich in der durchgreifenden Verschiedenheit der Quantitätsverhältnisse der betonten Silben. Seit dem 13. Jahrhundert hat die vom Md. ausgehende Vocaldehnung und die Verschiebung der Accentuierung sowie der Silbengrenze den alten Typus der haupttonigen Silbe völlig umgewandelt. So kommt es, dass im allgemeinen die langen Vocale des Nhd. in betonter offener Silbe, öfter auch in geschlossener, auf mhd. kurze zurückgehen. Nicht so scharf aber wie in der Aussprache der Gebildeten macht sich dieser Unterschied in einzelnen, besonders oberdeutschen, Mundarten bemerkbar. Denn hier, vor allem im Bairischen, haben sich die alten Quantitäten vielfach in offener Silbe, zumal vor *t* und *m*, und nicht selten in geschlossener abweichend von der hd. Aussprache erhalten. 'Dem bairischen Dialekt' sagt Schmeller, 'ist sowohl die alte wie die neue Weise gerecht, er behandelt die alte Kürze = nhd. Länge anceps: Vater u. Vôder, treten u. trêten, nemen u. nêmen, Leder u. Lêder, holen u. hôlen, ferner: Schwan u. Schwân, Han u. Hân, Tal u. Tâl, Sal u. Sâl, hol u. hôl.'[1])

[1]) Vgl. Schmeller, Quantität in bayrischen und einigen andern obd. Mundarten. Abhandlgg. der k. bayr. Ak. Phil. hist. Kl. I (1835) S. 739—762; auch Weinh. BGr. §§ 7. 12. 48. 55; Paul, Beitr. 9, 101 ff; Bahder, Grundl. 85 ff; v. Muth, S. 16; Heusler, Alem. Consonant. S. 36 ff; H. Fischer, S. 17 ff; Wilm. Gr. I. 216 ff.

Demnach kann es nicht Wunder nehmen, wenn auch die Sprache Abrahams vielfach noch alte Kürze aufweist, wo im Neuhochdeutschen Dehnung eingetreten ist. In den Fällen, wo der Vocal vor *t* steht, behalten alle Drucke die auf Erhaltung der alten Quantität hinweisenden Schreibungen mit *tt* fast stets bei, auch die jüngeren und mitteldeutschen mit modernisierender Tendenz. In den übrigen Fällen, wo der Vocal vor *m*, *f*, *l*, *n* und *r* steht, wird jedoch die Consonantenverdopplung älterer Ausgaben fast regelmässig seitens der jüngeren aufgegeben und die der Länge des Vocals entsprechende gemeinsprachliche Schreibweise eingeführt.

Offene Silbe.

Vor t. Es herrscht also in allen Drucken: *Vatter, tretten, Antrettung, Botte, gebotten, verbotten, unerbotten*, dazu das Lehnwort *Zotte* für nhd. Zote (frz. sotie). Schwanken besteht bei *betten* und *beten* (doch kommt letztere Schreibung nur in Grw80⁵ vor); *Vorbotte* und *Vorbote* Aw 83a 83b, sonst (Aw83n sLcc Mws) nur *Vorbotte*; *ich thätte* (Ind.) und *thäte* Ns 1703/05, doch nur *thäte* Ns 1710, so auch die Drucke aus Wien, Lucern, Würzburg und Cöln.

Vor m. *nemmen, aufnemmen, abnemmen, wahrnemmen* wechselnd mit *nehmen, aufnehmen* etc. in den Drucken aus Wien, Lucern und aus Salzburg bis zum Jahre 1703, dagegen werden erstere Formen durch die letzteren regelmässig ersetzt in den Ausgaben aus Würzburg, Cöln und Salzburg von 1705/10; ebenso *kamme, namme, sich schammen* im 'Narrn.' von 1703 seitens der späteren Ausgaben von 1705 10 durch *kahme, nahme, sich schämen*.

Vor f. Doppelconsonanz, die auf Erhaltung alter Kürze hinweist, kommt wieder fast nur in oberdeutschen Drucken — ausser im 'Narrn.' von 1710 — vor: *Taffel* Aw83 Ns1703/05, aber *Tafel* As83/87 Lcc Ns1710; *Keffich* Aw83, doch *Kefich* AsLcc; *Schweffel* Grw80⁵sLc, aber *Schwefel* Grw80⁴wbg1710; *Ziffer* (nhd. Geziefer) Aw83s83, *Ziffer* und *Zifer* As84/87 Lc88c93; *Zwiffel* Aw83s83/87 Lc88, doch *Zwibel* Ac93.

Vor l. *spillen* wechselt mit *spielen* in den obd. Drucken Aw83s83/84Lc88, wird aber durch die zweite Form verdrängt

As87 und in den md. Drucken; ebenso *hollen* Ns1703 Grs84/87 Lc88 durch *hohlen* Ns1705,10 Grw80s88 wbg1710.

Geschlossene Silbe.

Auch in geschlossener Silbe herrscht besonders vor t in den oberdeutschen wie mitteldeutschen Drucken Kürze. Nur in einzelnen Ausgaben aus Wien wird in zwei Fällen die Verdopplung des *t* und damit das Zeichen der Kürze aufgegeben: *Gestalt* AwsLcc GrwsLcwbg; *Verbott* Mw80s84/87; *Bottmäfsigkeit* AwsLcc; *Gebett* AwsLcc Grw80⁴sLcwbg Ns1703/10, aber *Gebet* nur Grw80ˢ; *Gebott* Aw83nsLcc Ns1703/10, doch *Gebot* Aw83a83b.

Vor f. *Hoff* wechselt mit *Hof* Grw80ˢswbg Aw83sc Mws, aber nur *Hoff* GrLc88 ALc88, nur *Hof* Grw80⁴.

Vor l. *rill* Ns1703 wird ersetzt durch *riel* Ns1705/10; *Spill* Ms84 Aw83a83b Ns1703, doch *Spiel* oder *Spihl* Mw80 s87 Aw83nsLcc Ns1705/10; *Hollweg* AwsLcc, *holl* Ns1703, aber *hohl* Ns1705/10; *woll* ALc88 GrLc88, *wol* Awsc Grws Ns1703, *wohl* Awsc Ns1705/10 Grw80wbg1710.

Vor n. *Schaubünn* Grw80⁴s84Lc88 ersetzt durch *Schaubühn* Grw80ˢs87/88wbg1710.

Vor r. *sparr* Ns1703 ersetzt durch *spaar* Ns1705/10, ebenso *gesparrt* Ns1703 durch *gespahrt* Ns1705/10.

In den genannten Fällen kann man auch bei andern oberdeutschen Schriftstellern im 17. und 18. Jahrhundert vielfach die Kürzen finden, in der Stellung des Vocals vor t auch bei westmitteldeutschen. Dagegen weisen die ostmitteldeutschen und niederdeutschen, soweit ich mich orientiert habe, stets die gemeinsprachlichen Formen auf. Sattler z. B. schreibt noch: *Vatter, tretten, Botte, erbotten, verbotten; nemmen; Gebott.* Heribert v. Salurn: *Vatter, verbotten; widerhollen; Gebett, Gebott; Hoff.* Conlin: *Vatter, tretten, betten, Botte, anerbotten, Taffel* neben *Tafel; Gestatt, Gebett; Hoff.* ferner der Parnassus boicus: *Vatter, tretten, Vorbotte, verbotten, Anbettung; nemmen; Taffel* und *Tafel; Bottschafter, Gebott, Gebett.* Die Jesuiten-Poesie: *Vatter, vertretten, Botte, betten; nemmen; Gebett; Hoff.*

Von oberdeutschen Theoretikern schreibt Omeis z. B. noch *Vatter, vätterlich, tretten* neben *Bote, verboten, beten; Gebot,* doch Antesperg nur noch *Vater, Bote, treten: nehmen; Gebet; Hof* etc.

Die von einem katholischen Geistlichen der Stadt Cöln stammende Uebersetzung der Grammatica religiosa weist durch die Schreibweise vielfach auf Erhaltung der Kürze vor t hin: *Vatter, betten, Ubertrettung, erbotten, gebotten;* aber *nehmen*; ferner *Gebett, Gebott, Bottschaft.*

Dagegen schreiben Ostmitteldeutsche wie Girbert (Mühlhausen 1653), Gueintz (Halle 1666), Freyer (Halle 1722) und Niederdeutsche wie Schottel (Braunschweig 1663) und Bödiker (Cöln a. d. Spree 1690): *Vater, beten, treten, Bote, geboten; nehmen; Gebet, Gebot* etc.

2. Verkürzung alter in der nhd. Gemeinsprache erhaltener Länge in haupttoniger Silbe.

Besonders in oberdeutschen Drucken wird in mehreren Worten nach alter Länge, die heute noch in hochdeutscher Aussprache erhalten ist, öfter der Consonant *t* verdoppelt. Man könnte geneigt sein, hier einfach graphische Consonantenhäufung anzunehmen, wie sie in dieser Zeit noch üblich war und ihren Ursprung in der Kanzleisprache hatte.

Doch dürfte sich, soweit ich sehe, *tt* nach einfacher Länge im 17. Jh. nicht häufig finden. Auch giebt Kehrein derartige Beispiele nur aus dem 14.—16. Jh. Ohne weiteres lautliche Kürze in diesen Fällen anzunehmen, ist auch nicht erlaubt, da die Schreibung mit *t* oder *th* z. T. sogar in denselben Drucken, welche auch *tt* haben, vorkommt. Dieses Schwanken möchte ich vielmehr zurückführen auf das eigenartige Schwanken in der Aussprache gebildet reden wollender Oesterreicher und Baiern. Schmeller führt nämlich als Eigenheit des Bairischen (Mundarten § 691) folgendes an. Wenn Eingeborne ihrem Dialekte sich enthebend rein hochdeutsch sprechen wollen, so geben sie zwar die meistens diphthongische Aussprache der Längen auf und lassen ein reines *a, ä, e, i, o, u* vernehmen, es widerstrebt aber ihrem Sprachgefühle, sie vor geschärften Consonanten zu dehnen. Sie sagen also **brachen** statt **brāchen**; **richen** statt **rīchen**; **Bücher** statt **Būcher** etc., und nach dieser

Analogie auch: ratten statt ráten, spätter statt später, blutten statt blüten. Stutte statt Stüte etc.¹)

Abraham kam schon in seinem zwölften Jahre nach Baiern und wird hier wie manche andere auch diese Eigenart angenommen haben. Die Schreibungen mit doppeltem *t* nach alter bis heute in hochdeutscher Aussprache bewahrter Länge sind nur in obd. Ausgaben — das 'Narrennest' von 1710 jedoch ausgenommen — zu finden. sie machen dagegen. wenn man von ein paar vereinzelten Ausnahmen absieht. in den Drucken aus Cöln, Würzburg und im 'Narrn.' von 1710 regelmässig der gemeindeutschen Form Platz: *bratten* wechselt mit *braten* in den Wiener. Lucerner und den Salzburger Ausgaben bis 1705, dagegen steht *braten* stets oder fast stets in der aus Cöln und im 'Narrn.' von 1710; *spatte* neben *spate* oder *spathe* wieder nur in Wiener, Lucerner und Salzburger (von 1684 u. 87) Drucken, nur *spate* oder *spathe* in denen aus Cöln und Würzburg. *stätte* und *stäte*: Wien 1680/83, Lucern 1688 und Salzburg 1683/1703, nur oder meist *stäte*: Cöln 1693, Würzburg 1710, Salzburg 1705/10; *unflättig* As84 87, aber *unflätig* Aw83 s83 Lc88 c93; *majestättisch* Aw83b 83n s83/84 Lc88, doch *majestätisch* Aw83a s87c93; *kottig* Ns1703, aber *kothig* Ns1705 10; ferner *Bratt-Spifs* Ns1703,05, ersetzt durch *Brat-Spiefs* Ns1710; *Unflatt* Aw83s83, ersetzt durch *Unflath* As84/87 Lc88 c93 und Ns1703,10; *spatt* Aw83n s84/87 Lc88, doch *spat* oder *spath* Aw83a 83b s83 c93; *stätts* oder *stäts* Aw83n s84 Lc88 Grs84 Lc88, nur *stäts* Aw83a 83b s83.87 Gr w80 s87/88 und in den Cölner, Würzburger Drucken und im 'Narrn.' von 1703, 05/10. *Kott* Aw83 s83, ersetzt durch *Koth* As84/87 Lc88 c93.

Beispiele für *tt* nach ursprünglichem *uo* = nhd. *ü* siehe Kapitel III. 1; z. B. *Gütter* Ns1703, ersetzt durch *Güter* Ns1705/10.

Durch jenes oben erwähnte dem Bairisch-Oesterreichischen eigene Schwanken in der Aussprache erklärt sich auch die Verdoppelung von *r* und *l* nach alter im Neuhochdeutschen bewahrter Länge in Wiener und Salzburger Drucken wie z. B. in: *zerstörrt, Thorrheit, hárrenen* Ns1703, ersetzt durch *zerstört, Thorheit, hárenen* Ns1705/10; *strallende* Aw83s83, gewandelt in *strahlende* As84/87 Lc88 c93.

¹) Vgl. auch Schmeller in den Abhandlgg. d. k. bayr. Ak. a. a. O.; Weinhold, BGr. § 62. v. Muth S. 16. Paul, Beitr. 9, 101 ff, 123 ff, 133.

Noch in Schriften bairischer (katholischer) Autoren des 18. Jahrh. kommen gleiche oder ähnliche durch mundartliche Aussprache bedingte Schreibungen nicht selten vor, z. B. im Parnassus boicus und in der Jesuiten-Poesie: *Thatten, Thätter, bestättigen, stätte, stätts, spätte, spatt, bratten* etc.

3. Dehnung alter in der nhd. Gemeinsprache bewahrter Kürze in haupttoniger geschlossener Silbe.

In einigen Fällen erscheint alte Kürze in geschlossener Silbe abweichend von der nhd. Gemeinsprache gedehnt. Es handelt sich hier um ein paar dialektische Eigentümlichkeiten, die dem Oberdeutschen, besonders dem Bairischen, angehören. Zu beachten ist, dass die mitteldeutschen Drucke aus Würzburg und Cöln und auch jüngere oberdeutsche, wie besonders die des 'Narrn,' von 1705/10, jene mundartlichen Formen nicht beibehalten, sondern durch die gemeinsprachlichen ersetzen.

1. Die dem Oberdeutschen eigene Form *Beth*[1]) für nhd. *Bett* gilt noch durchaus in allen älteren wie jüngeren obd. Ausgaben, wird aber in denen aus Würzburg und Cöln durch *Bett* ersetzt.

2. Bairisch ist die Dehnung von mhd. *val* zu *Fahl*. Schon seit dem 13. Jahrh. wird in dieser Mundart altes kurzes *a* gern vor Liquida — vorzüglich in einsilbigen Worten — gedehnt. Noch heute besteht diese Eigenart im ganzen bajuvarischen Sprachgebiet.[2]) Die Schreibung *Fahl* kommt neben *Fall* häufig vor in den Drucken Abrahams aus Wien 1680/83 und Salzburg 1683/1703, wird aber vielfach in denen aus Lucern 1688 und gewöhnlich in denen aus Würzburg, Cöln und im 'Narrn.' von 1705/10 durch das gemeindeutsche *Fall* ersetzt. Auf gleiche Weise wie die Form *Fahl* erklärt sich *Wahlfahrt* im 'Narrn.' von 1703, dafür aber 1705/10 *Wallfahrt*.

3. Eine noch heute im Bairisch-Oesterreichischen weit verbreitete Erscheinung ist, dass *i* vor *r* wie diphthongisches *iä* lautet.[3]) Auf diese eigenartige mundartliche Aussprache möchte

---

[1]) Bahder, Grdl. S. 268.
[2]) Schmeller, Abhandlg. der königl. bayr. Acad. a. a. O. S. 755 f; Munda. Bayerns § 67 u. 111; Weinhold, BGr. § 36; v. Muth, S. 16.
[3]) Schmeller Munda. Bayerns § 275; Weinhold, BGr. § 88, 90; v. Muth S. 21; Nagl, Roanad S. 13 § 10, S. 455 § 66.

ich zurückführen einige *ie*-Schreibungen für altes, im Nhd. bewahrtes, kurzes *i* vor *r*, die sich in älteren Wiener und Salzburger Drucken Abrahams finden, in den jüngeren und mitteldeutschen aber den gemeinsprachlichen Formen weichen: *Stiern* Aw 83 s 83, doch *Stirn* As 84/87 Lc 88 c 93; *Geschier* Aw 83, aber *Geschirr* As 83/87 Lc 88 c 93: *schiermen* Aw 83 s 83, *schirmen* As 84/87 Lc 88 c 93.

4. Dehnung eines alten, in der nhd. Gemeinsprache erhaltenen, kurzen *e* vor *rn* kommt vor bei Abraham in *lehrnen* und zwar besonders in den Wiener Drucken und denen aus Salzburg bis zum Jahre 1703, oft auch in denen aus Lucern. Verlängerung des Vocals vor *rn* ist heute noch in einzelnen obd. Mundarten zu bemerken, so im östlichen Schwaben[1]) und im Niederösterreichischen, im letzteren speciell auch bei lernen.[2]) Die Länge erklärt Nagl in diesen Fällen auf folgende Weise: *rn* wird zu *ñ*, d. h. zu wirklich consonantischem *n*, das als solches der Nasalierung nicht fähig ist und daher auch nicht Vocalfärber sein kann. Infolge dessen entsteht zwischen Vocal und Consonant eine Spalte und durch diese tritt die Dehnung ein. Andere Beispiele aus dem Niedöstr. sind dô-ni (dornig), zô-ni (zornig), auch bêñ = mhd. bërn (nhd. Bären), gëñ = mhd. gërn.[3]) Uebrigens hat das Wort in den genannten Drucken Abrahams wie auch heute noch im Niedöstr. sowohl die Bedeutung von lernen wie von lehren. So erklärt sich, dass *lehrnen* seitens der Cölner und Würzburger Ausgaben und im 'Narrn.' von 1705/10 entsprechend durch *lernen* oder *lehren* ersetzt wird.

4. Erhaltung alter in der nhd. Gemeinsprache verkürzter Länge in haupttoniger Silbe.

Hinsichtlich der Quantität der alten Längen lässt sich ausser in den oben Abschnitt 2 (S. 20 f.) genannten Fällen nur noch einmal auf Abweichung von der nhd. Gemeinsprache aus der Schrift schliessen, aber nur in je einem der ältesten Drucke aus Wien und Salzburg: Aw 83 n und As 83. Hier erscheint

---

[1]) II. Fischer § 15.
[2]) Nagl, Roanad S. 20 § 31, 3; S. 21 § 32.
[3]) Nagl, Roanad S. 451 § 49.

nämlich *a* doppelt geschrieben in dem Worte *Raache*, dessen erste Silbe im Mhd. lang, im Nhd. aber kurz und jedesfalls geschlossen ist. Dass obige Schreibung, die Erhaltung der Länge bedeutet, selbst auf Abraham zurückgeht, ist sehr wahrscheinlich. Denn gerade die schwäbischen und bajuvarischen Mundarten, von denen doch unser Autor stark beeinflusst ist, lieben *â* vor *ch* und zwar nicht nur in Worten mit alter Länge wie Nâchbar, gebrâcht, sondern sogar auch da, wo ursprüngliche Kürze vorliegt wie in Bâch, Nâcht, Flâchs.[1]

In den übrigen Drucken aus Wien und Salzburg wie auch in denen aus Lucern, Würzburg und Cöln ist stets die gemeindeutsche Schreibung *Rache* eingesetzt. Auch andere obd. Schriftsteller des 17. und selbst des 18. Jh. schreiben noch *Raache*: Sattler, Zinkgref, Moscherosch (vgl. Kehrein I. § 10), Conlin, Parn. boicus; dagegen die Grammatiker Antesperg (Wien) und Omeis (Nürnberg) *Rache*, ebenso die mitteldeutschen, wie Gueintz, Bödiker, Freyer, und auch Frisch.

Anhang.
Die Bezeichnung der Längen.

Zu jenen durch die Verschiedenheit der Aussprache begründeten Abweichungen der einzelnen Drucke von einander oder von der nhd. Gemeinsprache gesellen sich auch eine grosse Anzahl rein graphischer Natur. Es bestehen drei Arten, den Vocal als einen langen durch die Schrift zu bezeichnen: Verdopplung, Beifügung eines *h* und bei *î* die Schreibung *ie*. Die erste Art findet in den von mir benutzten Drucken im allgemeinen eine kräftigere Anwendung als in der nhd. Schriftsprache; in Worten mit alten *â* und *ê*, wo auch heute Verdopplung üblich ist: *Saat, Haar, Aafs*, in dem alten Lehnwort *paar; Seele, Schnee;* in Worten mit altem *â, ê, ô*, die heute nur mit einfachem Vocal geschrieben werden: *Waage* (Gr M L), *Saamen* (A Gr), doch daneben *Samen* (Gr L c 88), *Gaabe* (Gr), auch *Gabe* (Gr w 80 wbg 1710), *Seeligkeit* (L), *seelig* (M L Gr u.

---

[1] Weinhold, BGr. § 36, 116. AGr. § 33, Mhd. Gr. 24; vgl. auch dazu Schmeller in den Abhdl. d. k. bayr. Ak. a. a. O. S. 755 f; Kauffmann §§ 60, 61.

Aw83 s83.84.87 Le88), aber *selig* (Ac93 und auch Grw80¹); *Schauff* (A), *Quaal* (Gr wbg 1710), doch *Qual* (Gr w80 s Lc88), *Straal* (L), *Schoofs* (Gr wbg 1710), aber *Schofs* (Gr w80 s84.87,88 Le88), *Loorber* (Gr wbg 1710), doch *Lorber* (Gr w80 s Le); in Worten mit gedehntem ursprüngl. *a, e*, in denen auch heute der Vocal verdoppelt wird: *Saal* (A), *Meer* (A), *Heer* (A); *Beere* (A); mit gedehntem alten *a, e*, wo heute einfaches *a* oder *e* steht: *Haafe* (M L), *Raabe* (Ms84.87) neben *Rabe* (Mw80 s84.87), *Waare* (merx) (Mw80 Ns1703,05.10 Aw83a 83b), doch *Wahre* (Ms84.87 Aw83n s Le c). *Seegen* neben *Segen* (Gr A L), *Weefen* (Lw80), doch *Wefen* (Ls84.87); *Schaar* (A), *baar* (A M), *Haubschafft* (Gr), *Schmeer* (A M), *Heerde* (M A N) *Meel* (L), *Weeg* neben *Weg* (L M Gr A Ns1705/10), nur *Weeg* (Ns1703); *Beer* u. *Ber* (Gr A Ns1703), *Ber*, aber meist *Bär* im Narrn. von 1705/10.

Das Dehnungs-*h* wird nur vor *l, m, n, r* und nach *t* gebraucht. Natürlich besteht darin keineswegs immer Uebereinstimmung zwischen den verschiedenen Drucken z. B.: *war* (verus) im 'Narrn.' von 1703, doch *wahr* 1705/10, *pralen* ebd. 1703, doch *prahlen* 1705/10, *Leuth* ebd. 1703, aber *Leut* 1705/10. Bisweilen kommt noch *ht* für *th* vor: *ronnöhten* ALe88 Mw80, *ronnöthen* Aw sc Ms84.87, *nöhtigen* Mw80, *nöthigen* ebd. Salzb. 84.87, *verrahten* ebd. Wien 80, *verrathen* ebd. Salzb.84.87; *Gemüht* Aw83a, *Gemüth* ebd. Wien 83b 83n, Salzburg. Luccrn u. Cöln. Welche Schreibung in solchen Fällen zu gebrauchen sei, darüber gehen auch die Meinungen der Grammatiker auseinander. Büdiker (1690 I 1, 6) und Schottel (Haubtspr. S. 212) verlangen durchaus *Muht, Taht* etc., Wippel¹) dagegen hält nur *That, Muth, Rath* für richtig, begründet dies aber damit, dass hier überhaupt kein Verlängerungs-*h*. sondern ein Aspirations-*h* vorliege, welches zum Wesen des *th* gehöre und auch ebenso wie in *ch* and *ph* in der Aussprache mit berührt werden könne. Die erste Schreibung verlangt noch Omeis (1704), während Girbert, Chlorenus und Antesperg die letztere anwenden, weil sie der allgemeine Gebrauch fordert.

ie als Dehnungszeichen für ursprgl. kurzes *i* findet sich in den mitteldeutschen Drucken aus Würzburg und Cöln schon überall da. wo es auch in der nhd. Schriftsprache üblich ist,

---

¹) Büdikers Grds. 1746 S. 21 u. 41.

während die oberdeutschen, besonders die älteren, viel weniger Gebrauch davon machen. Dies entspricht dem Umstand, dass im Md. *ie* schon früh infolge der Monophthongierung zum blossen Zeichen der Dehnung wurde, während im Obd. *ie* bei der bis heute fortbestehenden diphthongischen Aussprache jene Bedeutung erst allmählich durch die Schriftsprache bekommen konnte. In GrW 80⁴ und in den Drucken aus Salzburg, auch noch im Narrn. von 1703, ist *ie* für gedehntes *i* sehr selten, häufiger steht es schon in den Lucerner und übrigen Wiener Ausgaben, während endlich im Narrn. von 1705 10 die Schreibung fast stets die heutige ist.

Auch über die Berechtigung dieser *e* bei dem *i* sind die Grammatiker der Zeit verschiedener Ansicht. Schottel (Haubtpr. S. 189) z. B. verlangt, dass das *e* als irrig und überflüssig weggelassen werde, da jeder Buchstabe, der nicht ausgeredet wird, nach gründlicher Eigenschaft deutscher Sprache ungeschrieben bleiben müsse. Dagegen beruft sich Frisch [1]) darauf, dass nun einmal die Schreibung *ie* für *i* in gewissen Worten üblich sei, wenn man aber das *e* auslasse, werde man gezwungen, noch ein *i* oder ein *h* dafür zu setzen, wodurch alles mehr verschlimmert als verbessert werde. Auch Antesperg erkennt den Gebrauch an und verwirft z. B. *nider* für *nieder*, *Zwibel* für *Zwiebel*, *vil* für *viel* (S. 382 f u. 409 ff).

II. Synkope und Apokope.[2])

1. Synkope.

-*l*,-*r* für hochdeutsch-*el*,-*er*.

Die Nachsilben-*el* und das aus-*r* nach altem *i, u, iu* im Nhd. entwickelte-*er*, die in mundartlicher Aussprache blosses silbiges *l, r* werden, sind bei Abraham oft durch *l* und *r* wiedergegeben, namentlich in den Wiener und älteren Salzburger Ausgaben, während in den übrigen meist oder vielfach die volle Endung dafür eingesetzt wird.

---

[1]) Bödikers Grds. 1746, S. 34 f; Bödiker selbst sagt in seiner Ausgabe von 1690 darüber nichts.

[2]) Zu diesem ganzen Kapitel vgl. Burdach, Forschungen zur deutschen Philologie (Festgabe für Hildebrand), Leipzig 1894, S. 297 ff.

Die Endung -el [östr.-l¹)]: *Sebl* Aw83a, aber *Säbel* Aw83b83nsLec; *Vogl* As87, *Vogel* Aw83s83/84Lec; *Schedl* Aw83s83/84Le88, doch *Schedel* As87c93; *Adl* Ms84/87, aber *Adel* Mw80; *Wandl* GrsLe, *Wandel* Grwwbg; *Gaifsl* Aw83 s83 87, *Geiffel* ALc88c93; *Geflügl* GrsLe, *Geflügel* Grwwbg; *Fenchl* Grs84/87Le, *Fenchel* Grw80s88wbg1710; *Schmeichl-Weifs* GrwsLe, *Schmeichel-Weifs* Grwbg; *Brügl* Ns1703, aber *Brügel* Ns1705 und *Prügel* Ns1710; *Edl-Leuth* Ns1703, doch *Edelleuth* Ns1705/10; *Jodl* Ns1703,05, *Jodel* Ns1710. Ferner in den Deminutiven: *Wörtl* Aws, aber *Wörtel* ALec; *Källbl* Aw83 s83,84, *Kälbel* As87Lec; *Kuchl* Ns1703, *Kuchel* Ns1705/10; *Glöckl* Ns1703, doch *Glöckel* Ns1705/10; *Tüchl* Ns1703, *Tüchel* Ns1705/10; *Kräutl* Grws, *Kräutel* GrLewbg; *Handl* (von Hand) GrsLe, *Handel* Grwwbg; *Kandl* (mit epenthet. d) Ns1703, doch *Kandel* Ns1705/10.

2) **Hochdeutsch -er,** entwickelt aus r nach altem i, ů, in [östr.-r wie-a oder-a ʳ²)]: *Feur* Aw83a, doch *Feuer* Aw83b 83nsLec; *Abentheur* Aw83a, *Abentheuer* Aw83b83nsLec; *Beysteur* Ns1703, aber *Beysteuer* Ns1705/10; *Baur* Ns1703/05, *Bauer* Ns1710; *Saurtaig* Aw83a, *Sauerteig* Aw83b83nsLec; *Saurbrunn* Aw83a, *Sauerbrunn* Aw83b83nsLe, *Sauerbrunnen* Ac93; *Maur* Grw80⁴sLewbg, doch *Mauer* Grw80s.

Synkope von e in -elen und -eren.

1. Die Endung -*elen*, die mundartlich als tönendes, silbe-bildendes *l* mit darauffolgendem *n* gesprochen wird, erscheint bei Abraham meist — in den älteren oberdeutschen und in den mittel-deutschen Drucken — in der Schreibung -*len*, seltener -*eln*: *Englen*, seltener *Engeln*; *Apostlen*, selt. *Apostelu*, *Prüglen*, selt. *Prügeln*; *Achflen*, selt. *Achfeln*; *Articklen*, selt. *Artickeln*: *Geifslen*, selt. *Geiffeln* etc.; ebenso: *rafflen*, selt. *raffeln*; *zweifflen*, selt. *zweiffeln*: *funcklen*, *funckeln*; *gurglen*, *gurgeln*; *niedersäblen*, *niedersäbeln*; *manglen*, *mangeln* etc. In den Ausgaben des 'Narrn' von 1705/10 sieht man deutlich, wie die Drucker bemüht ge-wesen sind, das moderne Princip consequenter durchzuführen.

---

¹) Vgl. Nagl, Roanad S. 455 § 82; S. 178 V. 212; S. 495 § 243.
²) Vgl. Nagl, Roanad S. 458 § 83; S. 210 V. 254; S. 21 § 33; Castelli, Wb. S. 9.

Sie bevorzugen: *Engeln*, *Prügeln*, *Aposteln* etc.; *schmeicheln*, *handeln*, *prügeln*, *kitzeln*, *abhögeln*, *sammeln*.

2. Die Endung -*eren*, die in mundartlicher Aussprache in silbebildendes *r* mit folgendem *n* zusammengezogen wird, ist in den älteren oberdeutschen und in den mitteldeutschen Ausgaben Abrahams willkürlich bald -*eren*, bald -*ern*, nach Diphthongen in allen Drucken -*ren*, vereinzelt nur -*ern* oder -*rn* geschrieben. Wenn also in früheren Ausgaben noch Schreibungen häufig sind wie *rerwunderen*, *waigeren*, *erinneren*, *zwitzeren* etc., tritt im 'Narrn.' von 1705/10 gewöhnlich dafür ein *verwundern*, *waigern*, *erinnern*, *zwitzern*; ebenso ist für *Gemüteren*, *Länderen*, *Elteren* etc. in den früheren Drucken später im 'Narrn.' von 1705/10 *Gemütern*, *Ländern*, *Eltern* etc. üblich. Nach Diphthongen steht gewöhnlich -*ren*: *Bauren*, *Mauren*, *lauren* etc., selt. *Bauern* oder *Baurn*.

Synkope in der Partikel *ge*.

In älteren Ausgaben der von mir benutzten Schriften Abrahams findet sich öfter die dem Oberdeutschen eigene Synkope des *e* in der Partikel *ge*, wo sie in der nhd. Schriftsprache nicht üblich ist; in den späteren Drucken wird dann *e* wiederhergestellt.[1]) Besonders vor **s** oder **sch**: *Gspan* Ns 1703, aber *Gespan* Ns 1705/10; *Gstalt* Ns 1703, doch *Gestalt* Ns 1705/10; *Gstätten* Mw 80 s 84, *Gestätten* Ms 87; *gsichtig* Ns 1710, doch schon *gesichtig* Ns 1703/05. *Gschmuck* Mw 80, aber *Geschmuck* Ms 84/87; *Gschlofs* Aw 83 s 83/84 Le 88, doch *Geschlofs* As 87 c 93.

Vor w. *gwichtig* noch Ns 1710, aber schon *gewichtig* Ns 1703/05; *Gwicht* Mw 80, aber *Gewicht* Ms 84/87; *gwiffer* Lw 80, *gewiffer* Ls 84/87.

Vor f. *gfallen* Mw 80, doch *gefallen* Ms 84/87.

Vor n. *gnueg* Aw 83 s 83/87 Le 88, *genug* Ac 93.

Synkope von *e* in der Genetiv-Endung *es*.

Bei Abraham wird öfter das *e* der Genetiv-Endung -*es* synkopiert. In Zusammensetzungen erklärt sich dies leicht durch die Stellung des *e* zwischen Haupt- und Nebenton:

---

[1]) Vgl. dazu Paul, mhd. Gr. 3. Aufl. § 61.

Gottshaufs Aw 83 s 83,87 Lc 88, aber *Gotteshaufs* Ac 93; *Gotts-Acker* Ns 1703/10; *Kinds-Mutter* Ms 84/87, doch *Kindes-Mutter* Mw 80; *Lands-Patron* Gr s Lc, aber *Landes-Patron* Gr w wbg; Aber auch sonst wird das *e* bisweilen unterdrückt, z. B. nach *r, l* und sogar nach Dentalen: *des Meers* N 1703/10; *defs Mauls* Aw s Lc c; *des Todts* Ns 1703, aber *Todes* Ns 1705/10; *des Diensts* Ns 1703/10; *defs Erbfeinds* Aw 83 n s Lc c, aber *Erbfeindes* schon Aw 83 a 83 b; ferner *des Hunds* Ns 1703/10; *des Verstands* Ns 1703/10; *defs Stands* Gr w s Lc, aber *des Standes* Gr wbg; ausserdem in Fällen wie *defs Kriegs* Aw s Lc c; *defs Bergs* Aw s Lc c; *defs Luffts* Aw s Lc c; *des Stabs* Ns 1703/10; *eines Ehrgeitzs, des Geldgeitzs* Aw s Lc c.[1])

2. Apokope.

Die Endung -e in Wortbildung und Flexion, das sogenannte Lutherische -e, welches bekanntlich in die oberdeutsche katholische Litteratursprache nur sehr schwer und allgemein erst zu Ende des 18. Jahrh. Eingang gefunden hat, ist in allen älteren wie jüngeren hier untersuchten Ausgaben Abrahams noch sehr spärlich. Nur in den beiden Ausgaben des 'Narrn.' von 1705/10 werden öfter — ziemlich consequent bei dem Pronominaladjectivum — die vollen Formen eingesetzt.[2]) In allen Ausgaben sind z. B. noch ganz gewöhnlich Formen wie die folgenden:

Ein Knab, der Erb, der Türck, der Will, der Fried etc. *die Sünd, die Heerd, die Ehr, die Stirn, die Höll, die Sorg* etc.

Mit der Seuch, auff der Strafs, nach der Sünd, in einer Weil, an der Red, auff der Bahr, bei einer Mühl, in der Höll, in der Lieb, seiner Lieb (Genetiv) etc.

Drey Gäst, mehrer Leuth, künfftige Krieg, etliche Tag, dafür Ns 1705/10 *etliche Tage; die Gestirn, diese Wort, viel und lange Jahr* etc.

Ausserdem: *wie man woll* Aw s Lc, *wie man wolle* Ac 93; *ich tröst mich* Ns 1703/05, *ich tröste mich* Ns 1710; *ich wolt gern* Ns 1703/05, aber *ich wolte gern* Ns 1710; *es wär geschehen*

---

[1]) Ueber Synkope vgl. weiter im Kapitel über Flexion unter 'Schwache Verba'.

[2]) Vgl. dazu im Kapitel über Flexion die Citate unter 'Pronomen'.

Nº 1703, doch es *wäre geschehen* Nº 1705/10; *er hätt können* Nº 1703, *er hätte können* Nº 1705/10.

Anderer Beurteilung unterliegen die Elisionen: *deut ich* Awslec, *erzeig ich* Awslec; *glaub ich* Nº 1703 10 und dergl.

III. Umlaut.

Vorbemerkungen.

Auch hinsichtlich der Durchführung des Umlauts zeigt die Sprache unseres Autors noch zahlreiche Abweichungen von der nhd. Schriftsprache, insofern als überaus häufig noch alte unumgelautete, heute nur im Dialekt noch übliche Formen auftreten. Darin steht Abrahams Deutsch wieder auf gleicher Stufe der Entwicklung wie die gewöhnliche obd. Schriftsprache zumal der Katholiken überhaupt, es zeigt sich dagegen gegenüber dem Sprachbewusstsein oberdeutscher und vollends dem hier viel moderneren mitteldeutscher und niederdeutscher Theoretiker wie Girbert, Gueintz, Bödiker, Freyer und Wippel sehr veraltet. Beleuchten mag dies folgende einfach nach Vocalen geordnete Liste, in der ich absichtlich eine Sichtung der verschiedenen Fälle unterlasse und nicht unterscheide, ob der Mangel des Umlauts altoberdeutscher Ueberlieferung entspricht, ob die ältere Wirkung des *i* auf die unmittelbare Nachbarsilbe oder die jüngere über zwei Silben, ob endlichsogenannter Systemzwang in Betracht kommt. Bei Conrad von Salzburg (1628 bis 1681) fehlt z. B. der Umlaut:

Alt a. *er tragt, haltet, behaltet, schlagt, fangt, gefalt, mifsfallet, fahret* neben *führt; der Vogelfänger, Klager, Buchhandler.*

Alt â. *er blast, lafst; spatt* (Adv.).

Alt o. *bischofflich.*

Alt u. *Rucken, rucken, verrucken, Mucke, Stuck* (Sg. u. Pl.), *trucken* (nhd. drücken); *nutzlich; Kuchel* (nhd. Kuchelin); *lugenhaft.*

au. *aufraumen, traumen; Rauber; er lauft.*

Brinzing:

Alt a. *er grabt, tragt, zerschlagt, fangt; glantzen, der dantzer* (nhd. Tänzer).

Alt â. *er fragt.*

Alt o. *offtermahls.*
Alt u. *gezuckt* (vom Schwert), *verzuckt, Glückseeligkeit; hupfen; nutzen; die Lug; kunstlich; Bruderschaft.*
au. *er laufft.*
Heribert von Salurn:
Alt a. *er haltet* neben *hältet, tragt; unzahlbar; Schanckung.*
Alt â. *er laft* und *läft; der Krammer.*
Alt o. *offentlich; offtermal.*
Alt u. *die Lug,* pl. *Lugen* oder *Lügen, lugenhafft; Stuck; Mucken; Kuchel; Burger, Lugner; gulden.*
au. *traumen, die Traum* oder *Träume; verlaugnen, Verlaugnung; Glaubiger; er laufft.*
Conlin:
Alt a. *er gefallet, haltet; mannlich, zankisch, unzahlbar, Buchhandler, Bekanntnus.*
Alt â. *er fragt, laft* neben *läft.*
Alt o. *offentlich, forderist.*
Alt u. *Brucke, Rucken, Stuck, drucken* (nhd. drücken), *bucken, verzucken; duncken; hupffen; gulden, nutzlich; Kuche; Burger.*
Alt ou. *demuthig.*
au. *saumen; laugnen* oder *läugnen; glaubig; er laufft.*
Parnassus boicus:
Alt a. *er traget, haltet; Erkandtnufs, Schanckung.*
Alt â. *er laffet, verlaffet.*
Alt o. *offentlich, wochentlich, forderist.*
Alt u. *Brucke, Rucken, Mucken, eindrucken; verrucken, Stuck; beduncken; gulden, nutzlich; Burgerin, Kuchel.*
Alt uo. *gutig, eigenthumlich.*
au. *raumen, saumen; glaubig; er laufft.*
Jesuiten-Poesie:
Alt a *er erhalt, fallt, gefallt, tragt, schlaget, wachfst.*
Alt â. *er lafst.*
Alt u. *Rucken, verrucken, Lucke, entzucken, eindrucken, bucken, Stuck; die Lugen; Burger.*
au. *Rauber; er laufft.*
Die von mir benutzten obd. Grammatiker dieser Zeit lassen nur noch bei *u* bes. vor *ck* und bei *au* bes. vor *m* öfter den Umlaut vermissen. also Chlorenus:

u. *Brucke* besser als *Brücke*, *Stuck* besser als *Stück*, *drucken* besser als *drücken*, *einrucken* oder *einrücken*; *nutzlich*; *Burger* besser als *Bürger*.
au. *saumen* oder *säumen*; *laugnen* oder *läugnen*; *Rauber* oder *Räuber*; *es laufft*. Zu beachten ist hier das vielfache Schwanken, das den Einfluss der Gemeinsprache verrät.
Omeis:
u. *Stuck, Ruckweg, rucken unterdrucken*; *gulden, nutzlich*.
au. *raumen, traumen*.
Antesperg:
u. *Burgerin*. aber falsch sei *nutzlich* für *nützlich*.
au. *saumen, traumen*; *er laufft*.

Auch die von einem katholischen Geistlichen zu Cöln verfasste und ebd. gedruckte Uebersetzung der lat. Grammatica religiosa Abrahams weist solche Formen noch auf:
Alt a. *du haltest, er haltet, fallet, es widerfahret; Erkandtnufs*; *unzahlbar*; *Martyrer*.
Alt â. *er laffet*.
Alt o. *frommlich, bischofflich*.
Alt ô. *thoricht*.
Alt u. *unterdrucken, zuruck; Kuche* oder *Küche*; *nutzen*; *gulden* oder *gülden*.
Alt uo. *der Klugeste*.
au. *versaumen, ungezaumt*; *saubern; glaubig*.

Demgegenüber hat der bekannte protestantische Prediger Chr. Scriver aus Rendsburg, der hauptsächlich in Magdeburg wirkte, überall Umlaut durchgeführt:[1])
Alt a. *er hält, erhält, trägt, fällt, mifsfällt, überfällt, schlägt, widerfährt; Erkänntnifs; die Gärten; Gärtner; unzehlbar; sich schämen; bedrängt*.
Alt â. *er läffet, schläft, verrät; unflätig, unsträflich*.
Alt o. *Königreich; gewönlich, gröblich, öffentlich; öffter, frömmer*.
Alt u. *Stück, Stücke, drücken, ausdrücklich, glückselig, zurück, Ausschmückung; kümmerlich; es dünckt. Bedüncken; nützlich, nützen, nütze*.

[1]) Vgl. Seelenschatz, Leipzig 1711.

Alt uo. *gütig, demüthig; frühe* (Adv.).

au. *versäumen, Versäumnifs, verläugnen, leugnen; gläubig; er läufft.*

Deutlich ist hierbei ersichtlich, dass die Fälle, in denen der Umlaut fehlt, bei den verschiedenen obd. Schriftstellern ganz dieselben oder doch gleichartige sind: bei *a* besonders in der 2. u. 3. Sg. Ind. Praes. der st. Verba, bei *a* vor *ck, ld* und Nasal + Cons... bei altem *û, ou* vor *m* und *f*, ferner vor Ableitungssilben wie *-ig, -lich; -bar, -er*, endlich in den Substantiven auf *-nuss* und den Verbalabstracten auf *-ung*. Ganz dieselben Formen trifft man nun auch in den Drucken Abrahams an im Einklang mit den obd. Mundarten. Zwar haben diese, wie sein nicht seltenes, vom Nhd. abweichendes Vorkommen zeigt, keine principielle Abneigung gegen den Umlaut, aber gerade in Fällen, wie den oben erwähnten, fehlt er und zwar bis heute, so im Schwäbischen jetzt noch besonders bei *a* (stets vor *ck*), *û* und *ou*, im Bajuvarischen besonders bei *a, au* und in der 2. u. 3. Pers. Sg. Praes. der st. Verba.[1])

Am wenigsten durchgeführt ist der Umlaut unter den genannten Umständen in den Salzburger Drucken von 1683 und 1703, ein Eindringen der neuen Formen sieht man schon deutlicher in denen aus Wien, Lucern, Salzburg von 1684, 1687, 1688, 1705, 1710 und Würzburg von 1710, am meisten nähert sich dem Lautstand des Nhd. der des Cölner Druckes von 1693.

1. Das umlautwirkende i steht in der nächsten Silbe.

Alt a. Altoberdeutsch ist das Fehlen des Umlauts in der 2. und 3. Sg. Ind. Praes. der starken Verba vor *l* + Cons.: *er haltet* oder *halt* Aw s L e c Ns 1703 10 Lw s Ms Ss wbg, aber *hält* Mw 80 und auch Ac93: *er fallt* Gr s L c Mw s Aws L e c, doch *fällt* Gr w 80 wbg 1710 und auch Aw 83a 83b c93.

Alte Analogiewirkung liegt vor: *er umbfanget* Ns 1703 10, *er fangt an* Ss, ersetzt durch *er fängt an* Swbg 1710.

Auch die umlauthindernde Wirkung von *hs* ist altoberdeutsch: *er wachset* Aw s L e c Ns 1703/05, doch *er wächset* Ns 1710.

---

[1]) Vgl. H. Fischer, Geographie der schwäb. Mundart S. 74 § 66; Nagl, Roanad S. 444 § 22. 23; S. 34 V. 38, S. 92 V. 105, S. 177 f. V. 212, S. 198 V. 231, S. 381 Cl. 8; v. Muth S. 16 f.; Weinhold BGr §§ 5, 29, 34, 54.

Bei andern Verben derselben Klasse fehlt der Umlaut wiederum infolge von Formübertragung: *er tragt* Lws Gr w 80¹s Lc Aw 83 n s Lc Ns 1703, aber *er trägt* Gr w 80s wbg 1710 Aw 83 a 83 b c 93 Ns 1705 10; *du fahrest, er fahrt* Ns 1703/10.

Plural der Substantiva. *Die Einfall* Aw s Lc c, doch auch *Einfäll* Aw 83 a 83 b s 87 C 93; im Ahd. gab es bereits neben *felli* einen nach der *a*-Decl. gebildeten Plural *falla*. — *Die Garten* Gr w 80 s 84 Lc 88 wbg 1710, aber *Gärten* Gr s 87.88; ahd. *garto*, mhd. *garte* war bekanntlich ursprünglich schwach, trat aber in die starke Decl. über und erhielt später nach Analogie der *i*-stämme den Umlaut. — *Schwamm* (mhd. swam stm. swamme swm.) und *Schwan* (mhd. swan, swane swstm.) bilden bei Abraham den Plural nach der *n*-Decl. und daher ohne Umlaut: *Schwammen* Mw 80 s 84.87 Ns wbg 1710, *Schwanen* Mws.

Superlativ. Altoberdeutsch ist das Fehlen des Umlauts vor *r* + Cons.: *harteste* neben *härteste* Aws 83/84 Lc c, nur *hårtiste* As 87.

Vor *-lich* und *-nuss*. Im Altobd. sind diese nebentonigen Ableitungssilben wirkungslos: *männlich* Ns 84/87 wbg 1710; ferner in der Stellung des *a* vor *ht*: *nachtlich* Ns 1703, doch *nächtlich* Ns 1705, 10; *Betrangnufs* Gr w s Lc wbg; *Bekanntnufs* Aw s Lc, aber *Bekanntnäs* ebd. Cöln 93.

Rückumlaut, wo er im Nhd. nicht üblich ist, kommt vor im Practeritum: *sie gluntzeten* Aw s Lc, ersetzt durch *glántzeten* Ac 93; in den Participien *beglantzet* Ns 1703, doch *beglántzet* Ns 1705/10; *eingeschranckt* Gr w 80¹ s Lc wbg, aber *eingeschränckt* Gr w 80s; *betrangt* Gr w s Lc wbg Aw s Lc c u. a. Zu *Schanckung* Ns 1703/10 Gr w 80¹ s Lc wbg (doch *Schenckung* schon Gr w 80s) vgl. DWb. 8, S. 2161. Zu den Formen *genennt, bekennt* etc. siehe unter 'Verbalflexion'.

Ausserdem ist noch zu erwähnen das alte *sich schammen* Aw 83 b 83 n Ns 1703; dafür *sich schämen* Aw 83 a s Lc c Ns 1705/10. Bekanntlich ist in diesem Verbum, da es ursprünglich nicht zu der ersten schwachen Conjugation gehörte, der Umlaut erst durch Analogie herbeigeführt.

Schliesslich bleibt noch übrig *umstandig* Ns 1703. Hier erklärt sich wohl das Unterbleiben des Umlauts durch die Stellung des *a* in nebentoniger Silbe, vielleicht auch durch Beziehung auf das Grundwort (Wilm. Gr. § 195 b). Im 'Narrn,' von 1705/10 wird dafür *umständig* eingesetzt.

Alt â. Alte Abneigung gegen den Umlaut wirkt wieder in der 2. und 3. Sing. Ind. Praes. der starken redupl. Verba fort: *er schläfft* Ns1703,10 Aw83n sLe c, doch *schläfft* Aw83a 83b und ebenda Cöln 93: *er laft* Ms84,87 Aw sLe Ns1703, *er läft* Mw80 Ns1705/10 Ac93; *du laft* Ns1703/10 Aw sLe, aber *du läft* im ·Auff.· Cöln 93 (Wilm. Gr. § 205 Anm.).

Alt o. *Krote* Mw80 s84/87. — *Königreich* Gr w s Le, dafür die mitteldeutsche von der gemeinsprachlichen abweichende Form *Konigreich* ebd. Würzburg 1710.

Im Plural alter *a-stämme*, *die Weinstock* Mw80, aber *Weinstöck* Ms84,87: *die Bischoffe* Aw83a 83n. doch *Bischöffe* Aw83b sLe c: alles nebentonige Silben, die von Alters her dem Umlaut widerstehen.

In Ableitungen: vor nebentonigem *in*, *holtzen* Aw83n, doch *höltzen* Aw83a 83b s Le c: vor -*ig* = ahd. *ag*: gesetzlich *zornig* Aw83 s83,87, dafür abweichend vom Nhd. durch Analogie *zörnig* ALe88 c93.

Bei *o* für ursprüngl. *u* vor Nasalverbindung, die im Obd. den Umlaut des *u* hemmt: *vergont* Ns1703, dafür *vergönt* Ns1705 10 (Wilm. Gr § 204).

Alt u. Im Obd. hindert *ck* den Umlaut des *u*: *Rucken* Ns1703,10 Aw83 s83 87 Le88, aber *Rücken* Ac93; *Ruckkehr* Mw80 s84,87: *Ruckweg* Gr w s Le wbg Ns1703 10 Ms84 87, doch *Rückweg* schon Mw80: *Ruckreis* Mw80 s84 87: *zuruck* Mw s L w s Aw83 s83,87 Le88 Ss wbg Ns1703/10, *zurück* nur Ac93; *Mucke* Lw s: *Brucke* Mws Aw sLe c: *Stuck* (Sg. und Pl.) Gr w s Le wbg Aw sLe Ns1703 10, *Stuck* (Sg.) aber *Stück* (Pl.) Ac93 und auch ALe88.

Doppelte Bildungen, d. h. Verba auf -*jan* oder -*ôn* liegen zu Grunde: *rucken* Ss wbg Aw sLe Ns1703,10, *rücken* Ac93: *bucken* Aws, *bücken* ALe88 c93: *verzucken* Gr w s Le wbg Aw sLe c; *eindrucken* Gr w s Le wbg; *ertrucken*, *undertrucken*, *abtrucken* Aw sLe c Ns1703 10; *zerstucken* Aw83n sLe, aber *zerstücken* Aw83a 83b c93.

Verbalabstracta auf -*ung*: *Zusammenruckung* Aw sLe, doch *Zusammenrückung* ebd. Cöln 93: *Verzuckung* Gr w s Le wbg.

Vor -*lich*, das altobd. keinen Umlaut wirkte: *aufstrucklich* Ns1703,05 oder *aufsdrucklich* Ns1710.

Auch *l + d* hemmt altobd. den Umlaut: *gulden* Mws Aws, *güldun* Alc88 und *gölden* Ac93: *Tausendguldenkraut* Grw804 sLewbg. aber *Tausendgüldenkraut* Grw80°.

Alt ist auch das Schwanken vor Nasal + Cons: *geduncken* Grw sLewbg Lws; *rumpfen* Ms84 87 Ns1703/10, aber *rümpfen* Mw80. Vielleicht liegen aber auch hier doppelte Bildungen auf *-jan* oder *ôn* zu Grunde. ebenso bei den folgenden Verben: *hupffen* Aw83s84 87. doch *hüpffen* ebd. Lucern 88 und Cöln 93; *sturmen* Aw83n sc. *stürmen* Aw83a 83b Lc88; *kuffen* Ns1703/10.

Vor nebentonigen Ableitungssilben: *nutzlich* Ns1703 10. *Judin* Aw83ns83c93. doch *Jüdin* Aw83a 83b s84 87 Lc88.

Aelterer obd. Lautstand dauert fort in: *die Luge* Ns1703 10 Aw83s83 87 Lc88. doch *Lüge* ebd. Cöln 93. Im Mhd. standen neben einander lüge und luge.

Brunst bildet den Plural schwach und daher ohne Umlaut: *die Brunsten* Lw80 s84 87.

Alt uo. Durch alte Ausgleichung erklärt sich *die Fruhe* Grs84 88. dafür die richtige Form *Frühe* Grw80 Lc88 wbg 1710: lautgesetzlich ist *fruhe* (adv.) Lws Grs84 88 Ms84 87 Aw83n s83 87. Analogiebildung ist *frühe* Aw83a 83b Lc88 c93 Grw80 Lc88 wbg 1710 Mw80.

Erwähnt sei gleich hier mit die Form *Heiligthumer* Aws Lc. wo *u* nur den Nebenton hat: *Heiligthümer* dafür ebd. Cöln 93.

Alt û oder ou. Altobd. ist hier das Fehlen des Umlauts vor labialen Consonanten, so vor *m*: *raumen, saumen, traumen* Grws Lewbg Aws Lec Ns1703 10 u. a. — Vor *f* in der 2. und 3. Sing. Ind. Praes.: *du sauffest, er saufft* Ns1703/10; *er laufft* Mws Aws Lc Ns1703 10, aber *er läufft* im Auff. Cöln 93. — Vor *b + ig*: *glaubig* Lw80 s84 87. (Wilm. Gr. § 209.) Altem Brauche gemäss sind auch folgende Fälle: *laugnen* Mws Aws Lc Ns1703 10, dafür *läugnen* Ac93; (Wilm. Gr. § 209 Anm.) — *hundertaugig* Lws Ms84/87. dafür *hundertäugig* Mw80; (Wilm. Gr. § 209) — *die Saul* Grs84.88 Lc88. doch *Säul* Gr w80 s87 wbg 1710. — Endlich der Plural *die Zaun* Alc88. aber *Zäun* Aws c; im Ahd. gab es bereits von *zûn* neben *züni* auch einen Plural nach der *a*-Decl. *zûna*.[1])

---

[1]) Braune ahd. Gr. 2. Aufl. § 216 Anm. 3.

2. Das umlautwirkende i steht in der zweitnächsten Silbe.

Alt a. Alter Tradition entspricht das Fehlen des Umlauts in Ableitungen auf *-eli*: *das Lamml* Mw80 s84, Ns1703 10, dafür *Lämbl* Ms87; *das Gaffel* Mw80, aber *das Gäffel* Ms84/87; *das Stadtl* Lw80, *das Städtl* Ls84/87; *das Handl* Gr wbg 1710, aber schon *Händl* Gr w s Lc; auf ahd. *-äri*: *Gartner* Ms84/87 Ss Aw s Lc Ns1703/05, dafür *Gärtner* Mw80 Swbg 1710 Ac93 Ns1710, auch schon Aw83a 83b.
 ahd. *-bäri*: *unzahlbar* (nhd. *unzählbar*) bleibt in allen Drucken.
 -isch: *stiefvatterisch* Aw83b 83n s Lc c, aber *stiefvätterisch* schon Aw83a.
 Auf mhd. *swatzen* und *swetzen* gehen zurück *Schwatzerey* Mw80 und *Schwätzerey* Ms84/87.

Alt ä. Ableitungen auf *-eli*: *das Schaffel* (nhd. *Schäfchen*) As87, doch *Schäffel* Aw83 s83/84 Lc88 c93.
 ahd. *-äri*: *Beyschlaffer* Aw s Lc c.
 -lich: *jammerlich* As83, dafür *jämmerlich* Aw83 s84/87 Lc88 c93.

Alt o. im Superlativ: *forderst* Gr w s Lc wbg Aw s Lc c Ns1703, doch auch *förderst* Gr w 80 Aw83a 83b c93 Ns1705, 10.
 Ableitungen: *offentlich* Gr w 80⁴ s wbg Aw s Lc c Ms84/87 Ns1703, aber *öffentlich* Gr w80⁵ Lc88 Mw80 Ns1705/10; *unloblich* Gr w 80⁵, *unlöblich* Gr w 80⁴ s Lc wbg; *groblicht* Gr w s Lc, *gröblicht* Gr wbg 1710; *unformblich* Aw s Lc c, auch *unförmlich* Ac93.

Alt u. Ableitungen auf *-eli*: *Kuchel* Aw83 s83/87 Ns1703/10, doch *Küchel* A Lc88 c93.
 ahd. *-äri*: *Burger* Mw s Gr w s wbg, doch *Bürger* Gr Lc88; *Burgerschaft* Lw80 s84 87.
 -niss: *Kummernufs* Ns1703, dagegen *Kümmernufs* Ns1705 bis 1710.

Alt ou. Ableitungen auf ahd. *-äri*, in der Stellung des *ou* vor Labial: *Rauber* Mw80 s84 87; *rauberisch* Aw s Lc c Ss wbg.
 ahd. *-bäri*, vom alten *lougen* (siehe oben S. 36): *unlaugbar* Aw s Lc c.

Anhang.

Schreibweise der umgelauteten a und â.

In mhd. Zeit gab man im Obd. das umgelautete *a* wie bekannt durch *e* wieder und in jüngeren Fällen, wo es sich nur bis zum offenen Laut entwickelte, besonders im Bajuvarischen und Schwäbischen durch *ä*, anderwärts auch durch *e*, während das Md. überhaupt nur *e* gebrauchte. Der Umlaut von *â* wurde im Obd. gewöhnlich durch *ae*, im Md. durch *e* bezeichnet. Im 16. Jh. kam dann auch im Md. allmählich, zunächst im Westen, das Zeichen *ä* auf. Da aber zu dieser Zeit die meisten Mitteldeutschen *ae* z. B. in *schwär* von gedehntem *e* z. B. in *neren* lautlich nicht unterschieden, musste das Zeichen *ä* seine phonetische Bedeutung, die es bisher im Obd. gehabt hatte, verlieren. Man fing an, *ä* immer da zu schreiben, wo ein Wort mit *a* erkennbar zu Grunde liegt. Der eigentliche Begründer dieses mitteldeutschen etymologischen Princips war F. Frangk. Spätere Grammatiker wie Schottel (Haubtspr. S. 204), Bödiker (1690. I 1. 22), Chlorenus (S. 65, 79, 214), Wippel (S. 109, 111), Antesperg (S. 325 u. 109 ff.) und Gottsched (vgl. Wilm. Orth. S. 68) geben sich Mühe, es zur allgemeinen Anerkennung zu bringen.[1]) Dieses Bestreben hat jedoch, wie sich auch in den vorliegenden Drucken zeigt, zunächst zu einer grossen Verwirrung in der Orthographie geführt. Ueberaus zahlreich sind in allen von mir benutzten Ausgaben Abrahams die Schwankungen der Schreibweise zwischen *ä* und *e*, sogar bei dem gleichen Worte in einem und demselben Drucke, und deutlich ist dabei zu erkennen, welche Schwierigkeiten die etymologische Ableitung der einzelnen *e*-Laute bot und wie stark auch der Einfluss der alten phonetischen Schreibart blieb: Antesperg (S. 325) zweifelt z. B., ob *zehlen* oder *zählen* zu schreiben ist, denn hier sei das Wurzelwort nicht ausgemacht und noch fraglich, ob *zehlen* von *Zahl* oder *Zahl* von *zehlen* herkommt.

Für mhd. ae wechselt *ä* und *e* z. B. in *schwär* Gr s Lc Ns 1703 und *schwer* (Gr w wbg Ns 1705 10) beides in Aw s Lcc;

---

[1]) Vgl. v. Bahder Grdl. S. 113 f. Wilm. Gr. S. 183 f. Orth. § 43 ff.

bewährt Grw80¹, bewehrt Grs Lc wbg beides Grw80⁸; *ungebärtig*
Ns1703, *ungebärtig* Ns1705/10; *stäte, stäts* Grw80 s Lc As Lc,
stete und *stets* daneben Grwbg Aw c N1703,05,10; *Wildprät*
Aw83a83b s Lc c, aber *Wildbret* Aw83n; *Fähler* Ns1703,05,
aber *Fehler* Ns1710; *unfählbar* Ns1703, *unfehlbar* Ns1705 10;
nächste Grw80⁸, aber *nechste* Grw80⁴ s Lc As Lc c, beides
Grwbg Aw Ns1703,05,10; *bottmäfsig* und *botmeffig* Aws Lc c.
Für mhd. e z. B. in *Nägel* Grw80⁸ s Lc und *Negel* Grw80¹,
beides Grwbg; *zählen* und *zehlen* Ac93, nur *zehlen* Aws Lc
Grws Lc wbg Ns1703,05,10; *Hänne* Grw80⁸ Aw83 s83, doch
Henne Grw80⁴ s Lc wbg As84,87 Lc c; *Mänge* oder *Menge* Aw
s Lc c; *hängen* Grw und *hengen* Grs88, beides Grs84,87 Lc wbg;
Aeltern Aw83 s83, *Eltern* As84,87 Lc c; *widerwärtig* Grw80⁸
wbg, *widerwertig* Grw80⁴ s Lc; *stärcken* Ac, *stercken* Aw83n,
beides Aw83a83b s Lc; *Aergernufs* Ns1705/10, *Ergernufs*
Ns1703; *häfftig* Aw83a83b, *hefftig* Aw83n s Lc c.

Erwähnt sei hier noch, dass natürlich wie sonst auch
in den Drucken Abrahams vielfach für mhd. ë Schwanken
zwischen *ä* und *e* in der Schreibung beteht z. B. *Beer* Ns1703,
aber *Bär* Ns1705 10; *lang wehren* Ns1703/05, *lang währen*
Ns1710; *immerwehrend* Ns1703/05, *immerwährend* Ns1710;
anderwerths Aw s Lc, *anderwärts* Ac; *rechen* As84,87 c, *rächen*
Aw83b83n, beides Aw83a s83 Lc; *unermesslich* Grs Lc, *un-
ermäfslich* Grw wbg etc.

IV. Monophthongierung und Diphthongierung.

1. Monophthongierung von ie und uo.

Während in den md. Mundarten die Monophthongierung von
ie und *uo* schon seit dem 9. Jh., reichlicher seit dem 12. Jahrh.
nachzuweisen ist,[1]) hat sich in Schwaben, Baiern und Oester-
reich die diphthongische Natur dieser Laute bis heute bewahrt.[2])

---

[1]) Vgl. Weinh. Mhd. Gr. §§ 134 und 140.
[2]) Siehe Schmeller, Mundarten § 24. 294—315. 29. 30. 382. 392. Weinh.
BGr § 62. 89. 109. 119. Kauffmann § 96. 97. Höfer § 51. 60. v. Muth
S. 20 f. Weinh. Dial. S. 43; Castelli, Wörterbuch S. 11, 16. Nagl, Roanad
S. 13 § 10. 16; S. 454 § 64; S. 455 § 66. H. Fischer, a. a. O. § 34. 35.

Man kann daher als sicher annehmen, dass, wenn Abraham abweichend von der Gemeinsprache diphthongische Schreibungen anwendet, er darin nicht blos einer Tradition der oberdeutschen Schriftsprache folgt, sondern auch seiner gewöhnlichen Aussprache. Darauf sind nun folgende Eigentümlichkeiten zurückzuführen.

Alten Diphthong *ie* statt heutiger einfacher Kürze zeigt noch *Liecht* in allen obd. Drucken Abrahams aus Wien, Salzburg und Lucern. Nur der Druck Grw 80¹ hat schon vereinzelt, Ns1705 öfter die Schreibung *Licht*. Noch bei obd. Schriftstellern des 18. Jh. kann man *Liecht* geschrieben finden, z. B. bei Omeis, Conlin, im Parn. boic. und der Jesuit.-poesie, dagegen erklärt der Grammatiker Antesperg als falsch: *Liecht* für *Licht*. Die Würzburger Drucke gebrauchen stets die Form *Liecht*. Nach Schmeller (§ 307) hört man auch heute am Mittel-Main *ie* mit nachklingendem *e*. Im Cölner Druck begegnet *Liecht* und *Licht*. Erstere Schreibung ist jedesfalls auf Rechnung der oberdeutschen Vorlage zu setzen. Denn in Cöln sprach man sicher schon einfache Kürze, welcher die Schreibung *Licht* entspricht. Das bezeugt auch der Uebersetzer der Gram relig. (Cöln 1699), bei welchem ich nur *Licht* gefunden habe.

Schon oben (S. 20) war erwähnt worden, dass der Baier, wenn er seinem Dialekte sich enthebend rein hochdeutsch sprechen will, statt diphthongischer zwar reine Vocale hören, aber zugleich gewöhnlich Verkürzung eintreten lässt. Dieselbe Erscheinung zeigt sich nun auch bei altem *uo* und *üe*. In hochdeutscher Redeweise vermeiden zwar die Baiern, *blueten*, *Ruete* etc. zu sagen, sprechen dann aber *blutten*, *Rutte* etc.[1]) Durch diese Eigenart des Bairisch-Oesterreichischen möchte ich wieder solche Schreibungen erklären, in denen nach altem Diphthong, der im Nhd. zu einfacher Länge geworden ist, der Consonant verdoppelt erscheint. Sie finden sich fast nur in den Drucken aus Wien und Salzburg, in den übrigen vereinzelt oder gar nicht.

Vor **t**. *zumutten* Aw83a 83b, *zumuetten* Aw83 u s83, aber *zumuthen* As81.87 Lec; *Flutten* Aw83 s Lc, doch *Fluthen* Ac93;

---

[1]) Schmeller, Mundarten § 691; Abhdlg. d. k. bayr. Ak. a. a. O. S. 760 Weinhold BGr § 62; v. Muth S. 16.

wüten Gr s L c Aw s L c Ms, *wüthen* Gr w wbg Ac Mw; *Gemütter* Aw 83 n, *Gemüther* Aw 83 a 83 b s L c c, *Güter* Ns 1703, doch *Güter* Ns 1705/10; *Muttwillen, muttwillig* Aw 83 n, aber *Muthwillen, muthwillig* Aw 83 a 83 b s L c c.

Vor l. *er spüllt ab* Ns 1703, *er spühlt ab* Ns 1705/10; *aufgewüllt* Aw s, doch *aufgewühlt* A L c c.

Vor m. *Ungestümme* Lws As 87 Ss wbg, aber *Ungestüme* Aw s 83, 84 L c c.

Auch in Schriften anderer bairischer Autoren der Zeit kommen solche Schreibungen vor, z. B. noch im Parn. boie. *das Gutt, Blutt, gutte,* in der Jesuit.-poesie *gutt, Flutt.*

Die Wiedergabe des alten *uo* entspricht in den einzelnen Drucken meist ganz ihrer lautlichen Geltung in den betreffenden Dialekten. Gemäss nämlich ihrer monophthongischen Aussprache schreiben die mitteldeutschen Drucker aus Würzburg und Cöln stets oder fast stets *u*. Anderseits bezeugen die zahlreichen *ue* in den oberdeutschen Ausgaben die Erhaltung der Diphthonge. Besonders häufig habe ich sie in den ältesten Ausgaben aus Wien und Salzburg vom Jahre 1683 gefunden. Die späteren Drucke aus Salzburg von 1684, 87, 88, 1703 und Lucern 1688 verwenden die *ue* schon nicht mehr so reichlich. Ganz verschwunden sind sie im 'Narrn.' von 1705 und 1710, z. B. *Handschuch* 1703, *Handschuh* 1705/10; *Schuel* 1703, *Schul* 1705/10; *Stuel* 1703, *Stuhl* 1705/10; *Fuetter* 1703, *Futter* 1705/10, etc. Es zeigt sich hier wieder sichtbar der Einfluss der gemeinsprachlichen Entwicklung.

2. Der alte und der neue Diphthong ei.

Für den neuen Diphthong schreiben alle von mir benutzten Drucke Abrahams übereinstimmend *ei* oder *ey*. In der Wiedergabe des alten weichen sie jedoch erheblich von einander ab. In den Salzburger und Wiener Ausgaben ist noch vielfach die dialektische Aussprache bestimmend für die Schreibung. In den bairischen und österreichischen Mundarten blieben bekanntlich wie in allen übrigen die beiden *ei* geschieden. Schon im 13. Jh. verwandte man demgemäss auch in jenen beiden verschiedene Zeichen, *ai* für das alte *ei* und *ei* für das neue.[1]) Diese

---

[1]) Weinhold BGr § 64; Schmeller Abhdlg. d. k. bayr. Ak. a. a. O. S. 758. Höfer § 42. Castelli Wörterb. S. f. Nagl R....... § 12.

Scheidung haben von den vorliegenden Drucken am strengsten die aus Salzburg bis zum Jahre 1703 bewahrt. In Wörtern mit altem *î* überwiegt die Schreibung *ey*: *Eyfer, Seyte, Preyfs, Peyn* oder *Prin. frey. drey* oder *drei, eylen, weyhen* etc., während die Schreibung mit *ai* oder *ay* die gewöhnliche ist in Wörtern mit altem *ei*: *Saite, Zaichen, Thail, Klaid, Kraifs, Stain, Schwaiff, wainen, zaigen, ainigen, haiffen* etc. Die Wiener Drucke und die des 'Narrn' aus Salzburg von 1705 und 1710 schreiben dagegen bei weitem häufiger *ei* für den alten Diphthong als *ai*, verwischen also übereinstimmend mit dem Zuge der gemeindeutschen Sprachentwicklung den Unterschied: z. B. steht im 'Narrn.' *Aichbaum* 1703. *Eichbaum* 1705/10; *ich waifs* 1703. *ich weifs* 1705/10; *er haift* 1703. *er heift* 1705/10; *brait* 1703. *breit* 1705/10; *gemain* 1703. *gemein* 1705/10; *maifte* 1703. *meifte* 1705/10; *waigern* 1703. *weigern* 1705/10; *ainer* 1703. *einer* 1705/10; *mainen* 1703. *meinen* 1705/10; *Zaichen* 1703. *Zeichen* 1705/10; *aigen* 1703. *eigen* 1705/10; *ainige* 1703. *einige* 1705/10; *Straich* 1703. *Streich* 1705/10 etc. Auch die Drucker der Lucerner und Würzburger Ausgaben zeigen das Bestreben, diese bair.-östr. *ai*, die sie in ihren Vorlagen fanden, aus der Schrift zu verdrängen. Sie haben abgesehen von den alten Lehnworten *Kaifer* und *May* nur vereinzelt *ai*. Der Cölner Druck endlich gebraucht *ai* überhaupt nicht, nur *ay* hat er in *Käyfer* und *Máy*. Noch bis tief hinein ins 18. Jh. waren diese *ai* in bairischen und österreichischen Schriften sehr üblich. Sie finden sich z. B. bei Conlin, im Parn. boicus und in der Jesuiten-Poesie. Aber obd. Grammatiker wie Antesperg (S. 312) verwerfen ihren Gebrauch, soweit er zu Abweichungen von der gemeinen Schreibweise führt.

V. Einzelne Eigentümlichkeiten des Vocalsystems.

1. **Uebergänge zwischen benachbarten Lauten**: ë, e > i; o > u; u > o; ü > ö: â > ô.

ë > i. Die richtige Form *Blut-Egel* (ahd. *ëgal*), die auch im Nhd. noch gilt, ist in den Wiener, Salzburger, Luzerner und Würzburger Drucken bewahrt, während im Cölner dafür auch das durch Anlehnung an *Igel* (ahd. *igil*) entstandene, heute noch weitverbreitete *Blut-Igel* eingesetzt wird.

e > i. Die alte Form *Letaney* = mhd. *letanie* mit *e* in erster Silbe ist bewahrt in Grw80^{s}s84,87,88, dagegen wird in Grw80^{4}Lc88 wbg1710 dafür das moderne, an lat. *litania* sich anlehnende *Litaney* eingesetzt. Die Form *Letanei* besteht noch jetzt mundartlich, z. B. in Kärnten (Lexer, Kärtn. Wb 180; DWb. VI. 1071.).

o > u: Altes *o* gilt noch in allen obd. wie md. Drucken durchaus in *Forcht*. Nur in Aw83a, also schon in einer der ältesten obd. Ausgaben, tritt bisweilen dafür die durch Anlehnung an *fürchten* entstandene gemeindeutsche Form *Furcht* auf.

u > o: Schwanken herrscht bisweilen zwischen altem *u* und *o* vor *nn*. Bahder nimmt, wohl mit Recht, an, dass die *o*-Formen, welche in die nhd. Schriftsprache eingedrungen sind, aus dem Md. stammen. Allerdings kennt auch das Schwäbische schon seit älterer nhd. Zeit den Uebergang von *un* zu *on*.[1]) Das Bairisch-Oesterreichische kennt *o* für *u* wie früher auch heute nicht, vielmehr ist hier die Verdumpfung des *o* zu *u* vor Resonanten weit verbreitet.[2]) Alle von mir benutzten obd. wie md. Drucke schwanken zwischen *Brunnen, Weyhebrunn* und *Bronnen, Weyhebronn*. Dagegen wird das alte *gewunnen* und *entrunnen* nur in der Cölner Ausgabe durch das moderne *gewonnen, entronnen* ersetzt. Durchaus üblich ist noch in allen Drucken das Praet. *er kunte*. Ausserdem hat sich durchgängig altes *u* bewahrt in *trucken, trutzig, trutz*.

Durch Formübertragung ist zu erklären das im Cölner

---

[1]) Weinhold AGr § 83; H. Fischer a. a. O. § 21.
[2]) Nagl, Roamad S. 19 V. 27, S. 129 V. 159, S. 382 Cl. 5. S. 452 § 53 f.; v. Muth S. 20 Vb. v. Bahder S. 157.

Druck übliche *gólden* für *gulden* mit altem *u*, welches die Ausgaben aus Wien, Salzburg, Lucern und Würzburg festhalten. Zu beachten ist in *gólden* der im Nhd. nicht gebräuchliche Umlaut.

ü > ö: Auch altes *ú* hat sich ein paarmal besonders in älteren obd. Drucken gehalten, während jüngere obd. und die md. schon die in die nhd. Gemeinsprache aufgenommenen mitteldeutschen *ó*-Formen gebrauchen.[1])
Vor *nn: künnen* Mw80, doch *können* Ms84,87;
Vor *r* + Cons: *befürdern* Aw83n, *befördern* Aw83a 83b s Le C.
Vor *n* + Cons: *Münch* Aw83s 83,84, aber *Mönch* As87 Le88 c93 (DWb. VI, 2487).
Ferner: *müglich* Grw80 Aw83n s83, aber *möglich* Grs84, 87,88 Le88 As84,87 Le C, beides Grwbg1710 Aw83a 83b.

ó-Formen kommen auch da vor, wo in der nhd. Gemeinsprache *ü* gilt: vor *r* + Cons: *erzörnen* Aw83n Ns1703,05 (mit Anlehnung an *Zorn*), doch *erzürnen* Aw83a 83b s Le C Ns1710; *dörffen* Aw83n Ns1703,05,10, aber *dürffen* Aw83a 83b s Le C; durch Formübertragung erklärt sich wieder das *ó* in *knöpffen* Ns1703, wofür die späteren Ausgaben von 1705 10 ihrer sonstigen Tendenz gemäss das gemeindeutsche *knüpffen* einsetzen (DWb. V. 1479).

å > ó: Altes *å* nach *w*, das allgemein in obd. und md. Dialekten zu *ó* geworden und daher auch in die nhd. Schriftsprache gedrungen ist, erscheint noch in *warinnen, warauff* Grs87 Le88. Doch sind auch hier die in den übrigen Drucken des Gr. und der anderen vorliegenden Schriften Abrahams üblichen *ó*-Formen gebräuchlich.[2])

2. Uebergänge zwischen e, i, ei und ö, ü, eu.

Vocalrundung.

e > ö: Bei einer Vergleichung der Drucke Abrahams fand ich vielfach Wechsel zwischen *ö*- und *e*- Schreibungen für mhd. *ö* und *e*, wo heute *e* üblich ist; die ersten Formen machen sich hauptsächlich in den älteren oberdeutschen Ausgaben breit,

---

[1]) v. Bahder, Grdl. S 186 ff.
[2]) Vgl. hierzu v. Bahder Grdl. S. 154 ff.

während sie in den jüngeren obd. Drucken aus Salzburg von 1703, 05, 10, auffälliger Weise auch schon in der Wiener Ausgabe des 'Auff.' von 1683 (Neudruck), und ebenso in den md. aus Cöln und Würzburg mehr oder weniger den gemeindeutschen e-Formen weichen. Die ältesten Beispiele solcher ö-Schreibungen stammen, wie bekannt, schon aus dem 13. Jh.;[1]) sie haben sich im Lauf der Jahrhunderte, wie die Belege bei Kehrein (§ 77, 78) und v. Bahder (Grdl. S. 168 ff) zeigen, zunächst im südwestl. Deutschland, dann überhaupt über Obd., weiterhin auch über Md. und Nd. verbreitet. Sicher entsprach und entspricht ihnen heute noch in einzelnen Mundarten unter gewissen Bedingungen wirklich Rundung des e in der Aussprache.[2]) Was das Obd., zunächst das Bairisch-Oesterreichische, betrifft, so will Luick hier vor l allein die Aussprache ö als natürlich mundartlich gelten lassen [in der heutigen niederöstr. Umgangssprache will er auch vor l nur e beobachtet haben!?], in allen andern Fällen erklärt er es als blosse Schreibmanier, hervorgerufen durch die Unsicherheit des Sprachgefühls über die Grenzen zwischen e und ö seit dem grossen Process der obd. Entrundung. Auch Nagl (Roanad S. 19 § 29; S. 452 § 50) führt in seinem niederöstr. Vocalsystem ö nur vor l an. Im Hauptgebiet des Schwäbischen ist heute (im Gegensatz zur Schweiz) ö durchaus zu e entrundet, doch kennt ein Teil desselben, östlich von Bodensee und Iller auch die Annäherung von e zu ö (H. Fischer § 23, 19, 20).

Vor l, wo wirklicher (bair.-östr.) ö-Laut vorliegt, für mhd e: *erwöhlen* regelmässig in den Wiener, Salzburger und Lucerner Drucken, in denen aus Cöln und Würzburg vielfach durch *erwehlen* oder *erwählen* ersetzt; *wöllen* bisweilen in Aw s Lc[3]), ersetzt durch *wollen* Ac93.

Nach und vor Consonanten, durch deren Einfluss der Uebergang in wirklich gesprochenes ö mundartlich hervorgerufen sein könnte,[4]) so nach w für mhd. e: *bewögen* Gr w 80[4] s Lc 88

---

[1]) Vgl. Grimm Gr. I³, 155.
[2]) Vgl. v. Bahder a. a. O. und Luick, Beitr. 11, 493 ff. u. 14, 127 ff; Weinhold, Dial. S. 53; v. Muth V, b S. 20; Castelli S. 14; Wilm. Gr. § 230.
[3]) Vgl. Nagl, Roanad V. 111, 321.
[4]) Vgl. v. Bahder, Grdl. S. 169, 170; Wilm. Gr. S. 212; Luick, Beitr. 11, 509.

As Lc. aber *bewegen* Grw80s wbg Aw83n c. beides Aw83a 83b Swbg; *Gewöhr, Gegenwöhr* Aw83a 83b s Lc. doch *Gewehr, Gegenwehr* Aw83n. beides Ac93; für mhd. *ë*: *erwögen* Aws Lc Ls84.87, *Erwögung* Ms, doch *erwegen* Lw80, *Erwegung* Mw80. beides in den Würzburger und Cölner Drucken: *bewöglich* As84.87 Lc88 Lws. *beweglich* Aw83b 83n s83 c93, beides Aw83a Swbg. Ferner vor *sch* für mhd *ë*: *Zungen-Tröscher* Lw80 s84.87 Lc88. Vor *s*: *Nöst* Ns1703. aber *Nest* Ns1705/10. Vor *Labial*, wo *ö* im Nhd. gilt, für mhd. *e*: *Löffel* Ns1705/10, aber noch *Leffel* im älteren Druck Ns1703. Möglicher Weise hat auch benachbartes *sch* die Entwicklung des *ö*-Lautes begünstigt,[1]) für mhd. *e* in: *schröcken* (swv. tr.) Aw83a 83b s Lc Ns1703,05,10. doch *schrecken* Aw83n, beides Cöln und Würzburg: für mhd. *ë* in: *erschröcken* (stv. intr.) Aw83a 83b s Lc Ns1703,05,10, *erschrecken* Aw83n. beides Ac93; *Heuschröcke* Lw80 s87. *Heuschrecke* Lw80 s84 Lc88 Ns1703,05,10; *Schröcken* Aws Lc c Grw s Lc. doch *Schrecken* Grwbg.

Nur graphisches *ö* (für mhd. *e*) liegt jedesfalls vor in: *Böcher* Ms84 Lc88. doch *Becher* Mw80 s87; *kögeln* Ms84,87 Lc88. aber *kegeln* Mw80; *verspörrt* Lw80. doch *versperrt* Ls84.87 Lc88; *Lötfeigen* Ns1705/10, *Lettfeigen* Ns1703, *Letfeigen* Würzb. 1710. Ferner wo *ö* in die nhd. Schriftsprache gedrungen ist: *ergötzen* Ms84,87 Lc88. aber noch *ergetzen* Mw80.[2])

Alle diese von der nhd. Schriftsprache abweichenden *ö*-Schreibungen sind ebenso gebräuchlich auch bei andern gleichzeitigen und jüngeren obd. katholischen Schriftstellern. während sie allerdings bei obd. Grammatikern wie Omeis, Chlorenus und Antesperg sichtlich vermieden und gradezu als falsch bezeichnet werden. Letzterer verlangt z. B. (S. 409 ff.): *Gewehr*, nicht *Gewöhr; Keckheit*, nicht *Köckheit; Drescher*, nicht *Tröscher*; aber *zwölf*, nicht *zwelff*. Dagegen finden sich bei Heribert von Saluru Formen wie: *ställen, erwöhlen, tröschen, mösten, erschröcken, Henschröcke, ausströcken*; bei Coulin: *Schröcken, erschröcken;* in der Jesuiten-Poesie: *erwöhlen, bewögen, Gewöhr, erschröcken, Schörge;* im Parn. boicus: *erwöhlen, verzören, Sckröcken, erschröcken, Heyschröcke;* bei

---

[1]) Vgl. v. Bahder, Wilmanns a. a. O.
[2]) Vgl. v. Bahder Grdl. S. 168; Wilm. Gr. S. 212.

Brinzing: *erwöhlte*, *Knöbelbart*, *erschröcklich*: bei Conrad von Salzburg: *erwöhlt*, *wöhren* (nhd. *wehren*), *Nöstl*, *erschröcken*, *erschröcklich*.

i > ü. Auch *ü*-Schreibungen für *i* kommen bekanntlich schon seit mhd. Zeit vor. Wirklicher lautlicher Uebergang liegt vor wie bei *e > ö* wieder in schwäbischen, schweizerischen und einigen md. Dialekten, in den ersteren nach Fischer (§ 21) heute noch östlich der Iller und südlich der Donau. Im Bairisch-Oesterreichischen kann man wirkliche Wölbung der Lippen nur vor *l* wahrnehmen.[1]) Die älteren der von mir benutzten Drucke Abrahams, aus Wien und Salzburg, weisen solche *ü*-Schreibungen für altes *i* abweichend vom Gebrauch der nhd. Schriftsprache ziemlich oft auf, dagegen werden sie in den späteren Ausgaben, aus Salzburg von 1687, 1703, 05, 10, Lucern, Würzburg und Cöln vielfach durch die gemeinsprachlichen *i*-Formen ersetzt.

Vor *l*, wo wirklich im Bair.-Oestr. gewölbter Laut gesprochen wird: *Grülle* Aw 83a 83b s83, 84 Lc 88 Ls 84 Lc 88, doch *Grille* Aw 83 n s87 c93 Lw 80 s87 Ns.

Nach oder vor Consonanten, auf denen der Verdacht ruht, dass sie auf die Vocalrundung mundartlich von Einfluss sind, nach *w*: *gewünnen* Aw 83b 83n, doch *gewinnen* Aw 83a s Lc c; *unüberwündlich* Aw 83n, *unüberwindlich* Aw 83a 83b s Lc c; *Würth* Mw 80 und bisw. in den Lucerner und Würzburger Drucken, sonst *Wirth*; *langwärig* neben *langwierig* Aw s Lc c.

Vor *m*: *glümpfflich* Lw 80, doch *glimpflich* Ls 84, 87 Lc 88.

Vor *n*: *Kännbacken* neben *Kinnbacken* As 87 und in den Würzburger Drucken, sonst nur letzteres.

Vor Labial: *Stüffter* Ns 1703, 05, aber *Stiffter* Ns 1710; *küfflen* (mhd. *kifelen = nagen*) Ns 1703, 05, 10.[2])

Sonstige Fälle sind: *wurmstüchig* Mw 80, doch *wurmstichig* Ms 84, 87 Lc 88; *Nüchtigkeit* Ms 84, *Nichtigkeit* Mw 80 s87; *verrügeln* Ls 84 Lc 88, aber *rerrigeln* Lw 80 s 87; *kützeln* Mw 80 s 84, 87 Aw 83b 83n s83, doch *kitzeln* M Lc 88 Aw 83 s 84, 87 Lc 88 c93; für mhd. *gebirge* habe ich in den von mir benutzten

---

[1]) Nagl, Roauad S. 15 § 16, S. 19 § 29, S. 453 § 55; v. Muth S. 20; Castelli S 16; Weinhold, Mhd. Gr. § 55, AGr. § 32, BGr. § 33, Dial. S. 58 (Schlesien); v. Bahder, Grdl. S. 180 ff.; Wilm. Gr. § 231.

[2]) Vgl. Castelli S. 152; Hügel S. 89.

Wiener, Salzburger Lucerner, Würzburger und Cölner Drucken Abrahams nur *Gebärge* gefunden. Diese Form tritt, wie bekannt, noch im 18. und 19. Jahrh. auf (DWb. IV, 1. 1. 1775). Auch für diese ä-Schreibungen lassen sich die Belege aus obd. katholischen Schriftstellern jener Zeit häufen, z. B. aus Heribert v. Salurn: *Grälle, Stäffter, käfflen*: aus Coulin: *Wärth, verwärrt, glämpflich, bläntzeln, fänster;* aus der Jesuiten-Poesie: *Wärth, fänster, Schärmer:* Parnass. boiens: *Wärth, verwärrt, langwärig, Stäfft, bänden, ausfändig, Zänfs, begärig, Gächt, Gebärge:* aus Brinzing: *Stäfft; Kättel.* Antesperg verwirft diese Formen wieder, er bezeichnet z. B. als falsch *Erfänder* für *Erfinder, wär* für *wir* etc. (S. 409 ff.).

ei > eu: *eu*-Schreibungen für mhd. *ei* sind mir nur begegnet in dem Wiener Drucke des 'Auff.' vom Jahre 1683 (Neudruck) und zwar in *erzeugen, anzeugen, heuter,* in Aw83a 83b SLCC ersetzt durch *erzeigen, anzeigen, heiter*. Da sich diese *eu*-Formen gerade in einer der Ausgaben des Erscheinungsjahres des 'Auff.' finden, so ist man zu der Annahme berechtigt, dass sie von Abrahams Hand selbst herrühren. Lautlicher Uebergang von *ei > eu* ist nun aber dem Bairisch-Niederösterreichischen, von dem sich unser Autor sonst stark beeinflusst zeigt, ganz fremd, vielmehr haben diese Mundarten den *eu*-Laut so gut wie ganz verloren.[1]) Nur in Oberösterreich soll man nach Höfer (Volksspr. § 42) bisweilen *oi* für *ei* hören. Ich möchte aber diese *eu* für *ei* als ein schwäbisches Element in Abrahams Sprache auffassen. Denn in einem grossen Gebiet Schwabens, zu dem auch gerade Abrahams Heimat Kreenheinstetten gehört, hört man heute noch *oi* für *ei* (H. Fischer § 36).

eu für mhd. *i* erscheint öfter nur in *Heurath* im 'Narrn.' von 1703 und 1705, wofür 1710 stets das gemeinsprachliche *Heyrath* eingesetzt wird. Hier erklärt sich aber *eu* nicht durch lautlichen Uebergang von *ei > eu*. Die Form *Heurath* ist vielmehr entstanden durch Anlehnung an *heuern = mieten* und war vom 16. bis 18. Jahrh. häufig (Wilm. Orthgr. S. 59).

Ausserdem wird bisweilen das Wort *Teich* in Salzburger Drucken mit *Teuch* verwechselt: z. B. Ms87. Im Bairischen und Schwäbischen giebt es *Teich* und *Teuch*. Das letztere

---

[1]) v. Muth S. 19; Nagl, Roanad S. 14 § 14; Antesperg S. 311, 317.

bezeichnet eine Vertiefung im Gelände, ein Thal, durch dessen tiefste Rinne meist ein Bach fliesst oder in dem sich Weiher befinden. Die Bedeutungen beider Worte berühren sich also, so dass eine Verwechslung leicht möglich ist, um so eher, da auch *Teuch* wie *Teich* ausgesprochen wird. Wahrscheinlich gehört *Teuch* zu mhd. *dûhen, diuhen, tiuhen = tauchen, niederdrücken*.[1])

Entrundung der Vocale.

ü > i. In dem eben behandelten Abschnitt über Vocalrundung hatte ich schon öfter anzuknüpfen an die bekanntlich in mhd. Zeit bereits beginnende obd. Entrundung der *ö, ü, eu > e, i, ei*. Diese hat im Bairisch-Oesterreichischen und im Hauptgebiet des Schwäbischen, wie besonders die Arbeiten von Muth (S. 17 ff.), Nagl (Roanad S. 15 § 16 u. a.) und H. Fischer (§ 23, 25, 30, 32) zeigen, so durchgreifend gewirkt, dass die Lippenarticulation von *ö, ü, eu* entweder ganz verloren oder nur unter gewissen Bedingungen, z. B. vor *l*, noch wahrzunehmen ist.[2]) Manche der oben erwähnten *ö*-Schreibungen etc. werden sich daher wohl kaum durch wirkliche Rundung des *e, i, ei > ö, ü, eu* erklären, sondern viel eher durch die gleiche ungewölbte Aussprache der *e, ö* etc. Dass übrigens auch viele md. und nd. Mundarten die *ö-, ü-, eu-*Laute nicht festgehalten haben, ist bekannt.[3]) Diese lautliche Annäherung der genannten Vocale hat nun in den vorliegenden Drucken Abrahams mehrfach auch Schwanken in der graphischen Wiedergabe des *ü* und *eu* verursacht. Für *ü* finden sich ziemlich oft *i*-Schreibungen. Manchmal ist auch hier das Verhältnis so, dass die falsche mundartliche *i*-Form in älteren, dagegen die richtige gemeinsprachliche *ü*-Form in jüngeren Drucken steht, öfter aber auch wieder umgekehrt: *zertrümmern* Lw 80 Aw 83, doch *zertrümmern* Ls 84.87 Lc 88 As Lc c; *Limmel* Ns 1703, *Lümmel* Ns 1705 10;

---

[1]) Schmeller, Bayer. Wb. 1, 582; Vogelmann, Aus dem Wortschatz der Ellwanger Mundart. Württembergische Vierteljahrshefte, Jahrg. IX. 1886, S. 157.

[2]) Vgl. auch Castelli S. 5, 10, 16; Weinhold BGr § 19, 32, 79; Schmeller § 247, 253; Kauffmann § 86, 87, 95, 141.

[3]) Vgl. v. Bahder, Grdl. S. 169; Weinhold. Dial. S. 41, 44, Mhd. Gr. § 73, 126, 128; Wilm. Gr. § 229.

anzinden Lw80, aber *anzänden* Ls84,87 Le88; *abtrinnig* Aws
Lec Ss84,87, *abtränniy* Swbg; *Schanbinn* Grs84 Le88, doch
Schanbähn Grw80 s87,88 wbg; *Kibl* As87, *Kübel* Aw83 s83,84
Lec; *Krippel* Mw80 s84,87, *Krüppel* MLe88; *Tipfflein* Mw80
s84 Le88, *Täpfflein* Ms87; *Gefligel* Grw804, doch *Geflügel*
Grw80°s Le wbg; *Zige* Lw80, *Züge* Ls84,87 Le88; *ziglen* Lw80
s84,87 Le88; *richtig* (mhd. *berüchtigt*) Aw83b83ns Lec, doch
rüchtig schon Aw83a; *rahmsichtig* Aws Lec; *eiffersichtig* Ns1710,
doch *eiffersüchtig* bereits Ns1703 05; *Schier-Hacken* Ns1710,
aber *Schär-Hacken* schon Ns1703 05; *Anstiehrerin* (von mhd.
stirn = *anstacheln*) Aw83 s84,87 Lec, doch *Anstührerin* schon
As83; *Schlissel* Lw80 s84, später *Schlüssel* Ls87 Le88; *Jellen-
schitz* (Name) Grw80°s Le wbg, aber *Jellenschütz* Grw804.

i wechselt mit *ü* für mhd. *üe*; *ungestim* Aw83b Lw80,
aber *ungestüm* Aw83a 83n s Lec Ls84,87 Le88; *miffig* Lw80 s84,
doch *müfsig* Ls87 Le88.

Gleichberechtigt ist *ü* und *i* in *würcken* und *wircken*, denn
es liegen die seit alter Zeit neben einander hergehenden
Doppelformen obd. *wurken* und fränkisch *wirken* zu Grunde.
Die in allen Drucken Abrahams übliche Schreibung ist *würcken*.
Nur in der Wiener Ausgabe des 'Mercksw.' von 1680 und in
denen aus dem hochfränkischen Würzburg findet sich auch
die mitteldeutsche, gemeinsprachliche Form *wircken*.

Einige Beispiele von *i*-Schreibungen für *ü* aus anderen
obd. Schriftstellern der Zeit sind *Gefligel*, *Liege* (*Lüge*), *Prigel*
nachgriblen, *Schissel*; *Schniern* aus Conrad von Salzburg;
Knittel, *Kibel*, *stirmen*, *Schierpfanne*, *rahmsichtig* aus Conlin.

Dem Sprachbewusstsein eines obd. Theoretikers wie Ante-
sperg sind aber *i*-Schreibungen für *ü* wiederum nicht mehr
entsprechend, er bezeichnet als falsch z. B. *ibel* für *übel*, *ver-
nimpfftig* für *vernünfftig*, *anzinden* für *anzünden*, *Jingling* für
Jüngling, *zichtig* für *züchtig*; *Wietterich* für *Wütterich*, *Hieter*
für *Hüter* (S. 409 ff.).

eu > ei. Ueber den fast gänzlichen Verlust des *eu*-Lautes
im Bairisch-Oesterreichischen habe ich bereits oben gesprochen.
Schon Antesperg sagt darüber, dass der Zeit in Wien wie über-
haupt in diesen Gegenden *äu*, *eu*, *ai*, *ei* gleich ausgesprochen
werden; wie das lat. *ai* (S. 311, 317). *ei*-Schreibungen für *eu*
habe ich mehrmals in Wiener und Salzburger Drucken Abrahams

gefunden, vereinzelt in denen aus Würzburg und Lucern. Gewöhnlich wird in jüngeren Ausgaben die richtige *eu*-Form eingesetzt. Für mhd. *öu*: *Ephey* Gr w80 s 81.87.88 Le wbg. doch *Ephen* schon Gr w80¹: *Freyle* Aw83 s83,84,87. aber später *Fräule* ALe88 c93.

Für mhd. *iu*: *heyer* Lw80, doch *heuer* Ls84.87 Lc88; *Bernheiter* Aw83n, *Bärnhäuter* Aw83a 83b s Lc c oder *Bernheuter* Ns1703,05,10.

Im Parn. boicus. in der Jesuiten-Poesie, bei Brinzing und Conrad von Salzburg z. B. finden sich wieder ähnliche Formen: *Fraide*, *Heyschröcke*; *treylich*, *Freindschafft*, *leichten*, *Leichter*. Antesperg dagegen fordert wieder *treu*, nicht *drey*, *treulich*, nicht *treylich* etc.

Consonantismus.

VI. Schwanken zwischen harten und weichen Consonanten.

Vorbemerkungen.

In den hier vorliegenden Ausgaben Abrahams, besonders soweit sie obd. Druckorten entstammen, herrscht hinsichtlich der graphischen Scheidung der dentalen und labialen Media und Tenuis sowohl im Anlaut wie im In- und Auslaut eine recht bunte Verwirrung. Das erklärt sich vor allem durch die Unsicherheit des obd. Sprachgefühls über die Grenzen zwischen Fortis und Lenis und die Schwierigkeit treuer graphischer Bezeichnung. Vielfach sieht man dabei noch deutlich den Einfluss der alten trationellen obd. Orthographie mhd. Zeit. Anderseits ist aber auch, besonders im Auslaut, die Einwirkung jenes Princips unverkennbar, das darauf ausgeht, etymologisch zusammengehörige Formen äusserlich gleichzumachen. In der frühsten nhd. Zeit[1]) war solcher Mangel in der richtigen graphischen Sonderung von Tenuis und Media der ganzen Litteratursprache gemein, wie es leicht erklärlich ist bei der phonetischen Verschiedenheit der einzelnen Dialekte und dem zwar weitverbreiteten, aber nur schwer durchführbaren und zunächst verwirrenden Bestreben, Einheit zu schaffen. Während aber im protestantischen Deutschland, namentlich im östlichen mittleren, bereits im 17. Jahrh. mehr und mehr eine einheitliche Orthographie ungefähr schon so, wie sie heute üblich ist, allgemeine Geltung gewann, dauert jener wirre Zustand in der obd. katholischen Litteratursprache bis tief hinein ins 18. Jahrh.

[1]) Vgl. v. Bahder, Grdl. S. 224—266.

fort. Daher erscheint denn auch hinsichtlich der graphischen Scheidung von Fortis und Lenis die Schreibweise eines Abraham der eines Protestanten und Norddeutschen wie z. B. Scriver[1]) gegenüber wiederum vielfach ganz altertümlich. Lehrreich sind in dieser Beziehung für die gewöhnliche obd. Praxis die Wörterverzeichnisse, welche die Grammatiker der Zeit regelmässig in ihren Lehrbüchern zur Verbreitung einer richtigen, allgemeingültigen und zur Ausrottung der alten particularistischen Orthographie geben. Sie enthalten viele Beispiele für die dem Oberdeutschen eigene Unfähigkeit, lautlich zwischen Media und Tenuis zu unterscheiden. In einem solchen führt z. B. Antesperg (S. 409 ff.) folgende zu seiner Zeit in Oesterreich noch ganz übliche Schreibungen an: *drey* für *treu*, *drauen* für *trauen*, *Tröscher* für *Drescher*, *Dach* für *Tag*, *Tach* für *Dach*, *Dischler* für *Tischler*, *tauerhaft* für *dauerhaft*; *under* für *unter*, *ermundern* für *ermuntern*, etc.; ferner: *paar Gelt* für *baar Geld*, *das Baar* für *das Paar*, *Part* für *Bart*, *Bantoffel* für *Pantoffel*; *Haubt* für *Haupt*. Auch Omeis bringt (S. 310 f.) einige derartige Beispiele oberdeutscher Orthographie: *doll* für *toll*, *tichten* für *dichten*; *wiederpringen* für *wiederbringen*, *geprauchet* für *gebrauchet*. Dass solche Formen in der obd. Litteratursprache dieser Zeit auch wirklich noch ganz gewöhnlich waren, lehrt schon ein flüchtiger Blick in irgend einen katholischen Schriftsteller dieser Gegenden und wird im einzelnen das folgende bestätigen.

1. Die dentalen Verschlusslaute.

Im Anlaut Wechsel zwischen *d* und *t* für mhd. *d* und *t*

Im Anlaut lassen, mit Ausnahme der beiden Ausgaben des 'Narrn,' von 1705 und 1710, mehr oder weniger noch alle hier untersuchten obd. wie md. Drucke Abrahams eine strenge, von Schwankungen freie Sonderung der dentalen Media und Tenuis nach dem Muster der Gemeinsprache vermissen. Es erscheint für mhd. *d* sowohl wie für *t* bald *d* bald *t*. Darin leben verschiedene Traditionen der obd. Orthographie fort, die phonetisch begründet sind. Bekanntlich breitete sich in weiterem Umfange schon gegen Ende der mhd. Zeit für älteres

---

[1]) Vgl. den Seelen-Schatz, Leipzig 1711.

d, besonders in der Verbindung *dr*, *t* aus, während anderseits namentlich seit dem 15. Jahrh. auch *d* dem Gebiete des früher üblichen *t* grösseren Boden abgewann. Seit dieser Zeit geriet der Schreibgebrauch im Obd. immermehr ins Wanken.[1]) Es ist daher sehr wahrscheinlich, dass schon damals wie heute in den meisten obd. Mundarten Media und Tenuis zusammengefallen waren und zwar, nach ihrem jetzigen Lautwert zu urteilen, wohl bereits in tonlose Lenis. In Oesterreich soll zwar nach Scherer (Kl. Schr. I, 272, 280 ff., 293) *d* und *t* heute wie reine Tenuis gesprochen werden. Dem steht jedoch das Ergebnis von Nagls sehr eingehenden Forschungen entgegen, nach dem am Anfange eines Wortes die consonantische Aussprache mehr zur Weichheit hinneigt.[2]) Ebenso hört man in Baiern, Schwaben und einigen schweizerischen Dialekten die heutige Lenis.[3])

Im folgenden führe ich nun der besseren Uebersicht wegen den Gebrauch der einzelnen Druckorte der Reihe nach an. Es wird dabei ersichtlich werden, das gegenüber dem Schwanken in den älteren obd. Drucken, bezw. dem Nachwirken älterer Schreibweise, in jüngeren Ausgaben, wie aus Cöln (1693) und ganz besonders aus Salzburg vom Jahre 1705 und 1710, Anpassung an die Gemeinsprache öfter schon durchgeführt wird.

Wien 1680/83. Für mhd. *d* vor *r*: *tringen* und *dringen*, *betrangt* und *bedrangt*, *Trangsal* und *Drangsal*, *Trang* und *Drang*, *trohen* und *drohen*, *trucken* und *drucken* (sowohl für mhd. *drücken* wie *drucken*), *Buchtrucker* und *Buchdrucker*; ferner *teutlich* und *deutlich*, *Notturfft* und *Nothdurft*, aber nur *Tach*, *teutsch*, *Teutschland*, *tutzet* (mhd. *dutzent*).

Für mhd. *t*: *Trache* und *Drache* (Fremdwort), *toppelt* und *doppelt*; fest ist noch das alte traditionelle obd. *t*: *betauren*, *tauren* (*durare*), *tunckel*, *Thumb-Kirche* (mhd. *tuom*), dagegen *Dinte* (Fremdwort).

Salzburg 1683—1710. Für mhd. *d* vor *r*: *tringen* 1683, 84, 87, 88; 1703/05, doch *dringen* 1710, *betrangt* 1683/88, *Trang* 1683/1705, aber *Drang* 1710, *Trangsal* 1683/88, *trangseelig*

---

[1]) v. Bahder, S. 241 f.
[2]) Roanad S. 24 § 42, S. 36 Anhang, S. 346.
[3]) Schmeller, § 438; v. Muth, S. 24; Kauffmann, S. 217 f.; H. Fischer, § 51, 53; Heusler, Alem. Consonant. S. 4.

1683.88, *trohen* 1683/1710, *trucken* neben *drucken* (nhd. *drücken*) 1683/88, *aufstrucklich* 1703/05, aber *aufsdrucklich* 1710, *trucken* (nhd. *drucken*) *Buchtrucker* nur bisweilen 1684, nur *drucken*. *Buchdrucker*, *Druck* 1683, 87/88, 1703, 05/10; ferner *Tach* 1683. *Tach* und *Dach* 1684 u. 1703. nur *Dach* 1687/88 u. 1705/10. *Notturfft* 1683, aber *Nothdurfft* 1684/87, *tutzet* 1683/87, doch *dutzet* 1703, 05/10, *teutsch*, *Teutschland* 1683/1710, aber *deutlich* 1683/1710.

Für mhd *t*: *Trache* und *Drache* 1683/87, *toppelt* 1683, *doppelt* 1684/1710, *tunckel* 1683/87, *dunckel* 1703/10, *betauren* 1683/87, *tauren* (*durare*) 1683/87. *Thumb-Kirche* 1684/88: ferner wechselt: *drinken* und *trinken* 1703, nur *trinken* 1705/10. *Drutzer* 1703, aber *Trutzer* 1705/10; *Dinte* 1684/88.

Lucern 1688. Für mhd. *d* vor *r*: *tringen*, *betrangt*, *Trang*, *Trangsal*, *trangseelig*, *trohen*, *trucken*, *aufsgetruckt* (nhd. *drücken*), aber *drucken* (nhd. *drucken*). *Buchdrucker*; ferner *Tach*, *Notturfft*, *teutsch*, *Teutschland*, *tutzet*, aber *deutlich*.

Für mhd. *t*: *Trache* und *Drache*, *betauren*, *tauren* (*durare*), *tunckel*, *Thumb-Kirche*, aber *doppelt*: *Dinte*.

Würzburg 1710. Für mhd. *d* vor *r*: *tringen*, *betrangt*, *Trangsal*, *trohen*, aber *trucken* und *drucken* (nhd. *drücken*), nur *drucken* (nhd. *drucken*), *Druck*, *Buchdrucker*; ferner *Tach*, *Tächt*, *teutsch*, *Teutschland*, aber *deutlich*.

Für mhd. *t*: *betauren*, *tauren* (*durare*), *tunckel*, *Thumb-Kirche*, aber *Drache*, *doppelt* und sogar *Dinte*, *eerduschen* (*celare*), *Dantz*, *Dantzer* neben *tantzen*, *Dapfferkeit* und *Tapfferheit*. *Donne* und *Tonne* (Fremdwort), *erdappen* und *ertappen*, *drucken*, aber meist *trucken* (nhd. *trocken*).

Cöln 1693. Für mhd. *d* vor *r*: *betrangt*, *Trang*, *Trangsal*, *trohen*, aber *tringen* und *dringen*, *ertrucken* und *unterdrucken*, nur *drucken*. *Buchdrucker*; ferner *teutsch*, *Teutschland*, aber *Nothdurfft*, *dutzet*, *deutlich*, *Dach*.

Für mhd. *t*: *tauren* (*durare*), aber *betauren* und *bedauren*, *Trache* und *Drache*, *doppelt*, *dunckel*.

Im Inlaut und Auslaut Wechsel zwischen *d*, *dt* und *t* teils für mhd. *d* teils für mhd. *t*.

Auch im In- und Auslaut bestehen in den untersuchten Drucken Abrahams grosse Schwankungen in der graphischen

Wiedergabe der Dentalen. Es handelt sich hier zum Teil wieder um Unsicherheit der Orthographie, hervorgerufen durch die dialektische Aussprache dieser Laute, wie wir sie schon im Anlaut bemerkten. In andern Fällen ist jedoch das Schwanken hier begründet in dem Wirken eines gegenüber dem obd. Auslautsgesetz sich geltend machenden etymologischen Ausgleichungsprincipes der Orthographie.

Im In- und Auslaut wechselt zunächst öfter nach *n*: *d, dt* und *t*, wo heute teils *t* teils *d* gilt, besonders wieder in den älteren obd. Drucken. Es sind solche Fälle, wo schon seit alter Zeit für germ. *d* in den obd. Mundarten Schwankungen zwischen Tenuis und Media bestanden. Die *d*-Formen waren bekanntlich besonders in alemannischen Denkmälern zu finden, während in bajuvarischen *nt* mit *nd* wechselt.[1]) Was die jetzigen obd. Mundarten betrifft, so ist im Schwäbischen nach H. Fischer (§ 51) überhaupt der Unterschied von Fortis und Lenis zu Gunsten der Lenis ausgeglichen. Er selbst hat, wie er sagt, 'bei aufmerksamem Verkehr mit Bauern nie den geringsten Unterschied von Fortis und Lenis wahrgenommen.' Im Bairisch-Oesterreichischen herrscht heute nach *n* vielfach Schwanken, sowohl bei mhd. *nd* wie *nt* hört man teils Lenis teils Fortis.[2]) Insbesondre härtet z. B. *n* folgendes *d* zu *t* in Fällen wie *hintan* (hindern), *ai-wainti* (inwendig), im Plural der auf *nd* auslautenden Substantiva der *i*-Klasse: *sintn* (*Sünden*), aber *sind* (*Sünde*), in allen Formen der st. Verba *ich fint, bint, wint, gewuntn, geschuntn*, dagegen ist das *d* z. B. der Bildungssilbe *end* (namentlich in Participien und Substantiven wie *Jugend*) meist 'matt', selten hart. Anderseits geht häufig *nt*, z. B. durch stammhafte oder Enderweichung, zu *nd* über.[3]) Gelegenheit zur Verwechslung der beiden Laute muss daher für solche, die eine geregelte Orthographie nicht kennen, fortwährend bestehen.

Ein paarmal ist ferner die Bezeichnung unsicher nach

---

[1]) Vgl. Weinhold. AGr. § 180; Braune, Ahd. Gr. § 163 Anm. 5; Weinhold, BGr. § 141, 146; Mhd. Gr. § 185, 193; Wilm. Gr. § 61; v. Bahder, Grdl. S. 256.

[2]) Schmeller § 444—447; Nagl, Roanad § 101—106.

[3]) Nagl, Roanad. S. 459 § 86. S. 358 IIIa, S. 386 unter f., S. 163 § 102, S. 212, 8c; S. 204 V. 240, S. 23 § 41.

Länge, nach *l* und *r* für mhd. *t*. Auch in diesen Fällen ist das obd. Sprachgefühl mangelhaft.¹) Im Niederösterreichischen wird *t* oft stammhaft erweicht, besonders nach *ai, ei, ou* und nach *l*, z. B. *róudn* (raten), *treiba* (treten).²) *rt* wird ebenda meist weich gesprochen, bisweilen aber auch, namentlich im Wiener Dialekt, scharf (Roanad, S. 90 V. 102).

Der oberdeutsche Charakter der Sprache Abrahams bricht ausserdem in den *t*-Schreibungen des Auslauts noch hervor. In den md. Ausgaben aus Würzburg und Cöln werden sie jedoch gemäss der jüngeren, mitteldeutschen, etymologischen Orthographie gewöhnlich durch die *d*-Formen ersetzt. Dasselbe gilt auch für die Drucke aus Lucern von 1688, besonders aber für die des 'Narrn,' von 1705 und 1710 aus Salzburg.

Der Schreibgebrauch der einzelnen Druckorte ist folgender: **Wien** 1680/83. Nach *n* für mhd. *d: hinder* und *hinter*, *under* und *unter*, *kundte* und *konte*, *könde*, *köndte* und *könte*, *neunde* und *neundte*, *zehende* und *zehendte;* ferner wo heute *d* gilt: *gebührend* und *gebührendt*.

Nach *n* für mhd. *t: Aende* neben *Aente* (nhd. *Ente*); *Elephant*, aber *Elephand* Aw83n; *bekand, bekandt* und *bekannt*, *genandt* und *genannt*.

Nach Länge für mhd. *t: Begleitung*, aber *Begleidung* Aw83n. Für mhd. *tôt, tôter: tod* und *todt*. Diese Schreibungen sind auch daraus zu erklären, dass das Adj. *tôt* eine Nebenform *tôd* hatte, die in ostmd. Quellen oft erscheint und auch alem. Mundarten nicht fremd ist.³) Für mhd. *brôt, brôtes: Brod* und *Brodt*. Auch für dieses Wort, das schon frühzeitig im Obd. mit *d* vorkommt, ist jedesfalls eine Nebenform vorauszusetzen, vgl. ahd. *prôth* im Patern. und Mons. gl.⁴)

Nach *r* für mhd. *t: Schwerd* und *Schwerdt* (mhd. *swert, swertes*). Auch *Schwerd* tritt schon frühzeitig, wie bekannt, im Obd. auf. Vielleicht bestand auch hier eine Nebenform.⁵)

Nach *l* für mhd. *t: dergestalten*, aber *dergestalden* Grw80ˢ.

---

[1] Vgl. Paul, Mhd. Gr. § 71, 4 Anm. 2 u. 3; Wilm. Gr. § 61 b. c.
[2] Roanad, S. 118 V. 158; S. 23 § 41; S. 202 V. 210; S. 463 § 103.
[3] Beitr. 14, 434; Heusler, Alem. Consonant. S. 97; Kauffmann, S. 217 v. **Bahder**, Grdl. S. 244.
[4] Braune, Ahd. Gr. § 163 Anm. 6; v. Bahder, Grdl. S. 244.
[5] Vgl. v. Bahder, Grdl. S. 244.

Obd. *t*-Schreibungen des Auslauts: *Walt* und *Wald*, *Gelt* und *Geld*, *Feldt* und *Feld*, *Schildt* und *Schild*; *tausent*, *tausendt* und *tausend*, *Landt* und *Land*. *Standt* und *Stand*, *Handt* und *Hand*, *Feindt* und *Feind*, *Hundt* und *Hund*, *wandt* und *wand*, *blindt* und *blind*; *Pferdt* und *Pferd*; *Todt* und *Tod*.

Salzburg 1683 1710. Nach *n* für mhd. *d*: *hinder* neben *hinter* 1683 1703, nur *hinter* 1705 10, *under* neben *unter* 1683 bis 1703, nur *unter* 1705 10, *kundte* und *konte* 1683/88, 1705, nur *konte* 1703, 10, *köndte* und *könte* 1683/87, nur *könte* 1688, *neundte* 1684/88, *zehendte* 1683/87; wo heute *d* gilt: *wissent* 1684/87, *mitleident* 1684/87, *rasent* 1703, aber *rasend* 1705/10.

Nach *n* für mhd. *t*: *Aende* 1683, 87 und *Aendel* 1703 oder *Endel* 1705 10, aber *Aendte* 1684; ferner *bekannt* oder *bekandt* 1683 88 u. 1710, aber nur *bekannt* 1703/05, *genannt* und *genandt* 1683 87, nur *genannt* 1688, 1703/10.

Nach Länge für mhd. *t*: *todt* 1683/1703, aber bisweilen noch *tod* neben *todt* 1705 10. *Brodt* 1683 88, *Brod* 1703,10.

Nach *r* für mhd. *t*: *Schwerd* und *Schwerdt* 1683, nur *Schwerdt* 1684 87.

Nach *l* für mhd. *t*: *Schulder* und *Schulter* 1684/87 (vgl. mhd. *schulter, schulder*).

Obd. *t*-Schreibungen des Auslauts: *Walt* neben *Wald* 1683/87, aber nur *Wald* 1703/10. *Gelt* 1683/87, doch *Geld* (bisw. *Geldt*) 1703/10. *Feldt* und *Feld* 1683 87, nur *Feld* 1703/10. *Landt* und *Land* 1683/88, nur *Land* 1703,10, *tausent* und *tausend* 1683, meist *tausend* (bisw. *tausendt*) 1684 1710, selten *Standt*, meist *Stand* 1703/10, sonst *Hand, Hund, Feind, blind.* etc. 1703,10; *Pferdt* 1683, *Pferdt* und *Pferd* 1684 88, meist *Pferd* 1703 10; *Todt* 1683 1703, aber auch *Tod* 1705/10; endlich *Jagt* 1703/05, aber *Jagd* 1710 (vgl. mhd. *jaget* und *jagede*).

Lucern 1688. Nach *n* für mhd. *d*: *hinder* und *hinter*, *under* und *unter*, *kundte* und *konte*, *köndte* und *könte*, *neundte*, *zehendte*.

Nach *n* für mhd. *t*: *Aendte*; *gekrönde*; *bekannt*, *bekandt* und *bekand*, nur *genannt*.

Nach Länge für mhd. *t*: *todt*, *Brod* und *Brodt*.

Nach *r* für mhd. *t*: *Schwerd* neben *Schwerdt*.

Nach *l* für mhd. *t*: *Schulder* und *Schulter*.

Obd. *t*-Schreibungen des Auslauts: *Gelt*, aber *Wald*. *Schild*; *Land*, *Feind*, *tausend*; *Pferdt* neben *Pferd*; *Todt*.

Würzburg 1710. Nach *n* für mhd. *d*: *hinter*, *unter*; *konte*, *könte*, (bisw. *kundte*, *köndte*); *siebende*, *zehende*, aber *neundte* und *neunte*: wo heute *d* gilt: *mitleident*, aber *sterbend*, *hoffend*.

Nach *n* für mhd. *t*: *Aentel* (gegen *Aende*: Wien, Salzburg); *bekannt* (bisw. *bekandt*), *genannt*.

Nach Länge für mhd. *t*: *todt*, *Brod*.

Nach *r* für mhd. *t*: nur *Schwerd*.

Nach *l* für mhd. *t*: *Schulder*.

Obd. *t*-Schreibungen des Auslauts: nur *Jagt*, sonst *Geld*, *Gold*, *Feld*, *Held*, *Schild*, *Schuld*; *Stand*, *Feind*, *Hand*, *tausend*; *Pferd*, selten *Pferdt*: promiscue *Tod* und *Todt*.

Cöln 1693. Nach *n* für mhd. *d*: *hinder* und *hinter*, *under* und *unter*, *konte* neben *köndte*.

Nach *n* für mhd. *t*: *Aendte*; *bekannt*, *bekandt*, (selten *bekand*,) *genannt*.

Nach Länge für mhd. *t*: *todt*, *Brod* neben *Brodt*.

Noch *r* für mhd. *t*: *Schwerd* und *Schwerdt*.

Obd. *t*-Schreibungen des Auslauts: *t* kommt nicht mehr vor, sondern meistens *d*, bisweilen *dt*: *Wald*, *Geld*, selten *Geldt*. *Feld*, *Held*; *Land*, *Stand*, *Feind*, *tausend*; *Pferd*, bisweilen *Pferdt*: *Todt*.

Auch hier ist also in jüngeren Drucken vielfach das Bestreben unverkennbar, die Schreibweise zu modernisieren. Wieder sehen wir, wie die altertümlichen Formen der älteren Ausgaben in den jüngeren durch die gemeinsprachlichen ersetzt werden oder wie da, wo früher Schwanken herrschte, später im Sinne der Theoretiker entschieden ist. Ganz besonders deutlich erscheint die Entwicklung von alter, traditioneller obd. Orthographie zu der moderneren gemeindeutschen hin in den Salzburger Drucken des 'Narrn.'

2. Die labialen Verschlusslaute.

Im Anlaut Schwanken zwischen *b* und *p* für mhd.
b oder *p*.

Auch zwischen *b* und *p* schwankt in den genannten Drucken Abrahams im Anlaut noch oft der Schreibgebrauch und zwar einerseits für die alte Media *b* anderseits für roman. *p* in Lehnworten. Dieser willkürliche Wechsel zwischen *b* und *p* in der Schrift besteht bekanntlich im Obd. schon seit ahd. Zeit und wird bereits damals, wie es Braune (Ahd. Gr. § 88 Anm. 2) in Berücksichtigung der neueren obd. Mundarten als wahrscheinlich hinstellt, einen mit geringer Intensität, aber stimmlos gesprochenen Verschlusslaut bezeichnet und das später überhand nehmende *b* dieselbe Geltung gehabt haben, also nur orthographische Wandlung bedeuten. Jedesfalls muss schon frühzeitig die Artikulation des Lautes begonnen haben, nach der bezeichneten Richtung hin überzugehen.[1]) Was oben über die heute dem oberdeutschen Sprachgefühl eigene Unsicherheit hinsichtlich der Grenzen zwischen *t* und *d* gesagt wurde, gilt auch für *b* und *p*. Man hört also jetzt im Bairisch-Oesterreichischen, Schwäbischen und z. T. in der Schweiz anlautend die tonlose Lenis.[2]) Oberdeutsche Grammatiker aus dem Ende des 17. und Anfang des 18. Jahrh. bezeugen, richtig verstanden, diesen Lautwert auch für ihre Zeit. Omeis (S. 310), Chlorenus (S. 218 f.) und Antesperg (S. 319) führen an, dass *b* grosse Verwandtschaft mit *p* habe. Chlorenus sagt, dass *b* am Anfang des Wortes und in der Mitte, wo entweder ein Consonant vorhergeht oder folgt (wie in *Abt*) allezeit wie *p* ausgesprochen wird. Antesperg bemerkt, dass *b* leicht ausgesprochen wird z. B. in *haben* (Inlaut zwischen Vocalen!), bisweilen aber hart, z. E. in *Bett*, *aufbetten*, *Gebet* (Stammsilbenanlaut!).

Es kommen noch in allen hier vorliegenden Drucken Abrahams Abweichungen vom Neuhochdeutschen vor. Schwanken herrscht besonders in den Wiener, älteren Salzburger und auch noch in den Würzburger Ausgaben. Namentlich jüngere Drucke zeigen öfter wieder die Tendenz, die Schreibweise der Gemeinsprache anzupassen. In den folgenden Fällen gilt heute *p*: *Brügel* neben *Prügel* Wien 83, Salzb. 83 1705, Würzb. 1710, nur das gemeinsprachliche *Prügel* Luc. 88, Cöln 93. Salzb. 1710; *brangen* und *prangen* nur Würzb. 1710, doch Wien 80/83, Salzb.

---

[1]) Wilm. Gr. § 53 f., 63 ff., 77, 78; Braune. § 88 b, 136; v. Bahder, Grdl. S. 221—238.

[2]) Scherer, Kl. Schr. I, 272, 280 ff.; Nagl, Roanad S. 24, S. 36 Anhang; Schmeller § 599; v. Muth S. 24; Heusler, Alem. Cons. S. 2 f.; H. Fischer u. a. a. O.

83/1710. Luc. 88. Cöln 93 das gemeindeutsche *prangen*; *blötzlich* und *plöztlich* Wien 80 83. Salzbg. 83,84. *plötzlich* Salzb. 87/1710. Lucern 88. Würzb. 1710. Cöln 93; *Bolster* Wien 80, Salzb. 1703 10. *Bolster* und *Polster* Würzb. 1710, *Polster* Wien 83. Salzb. 83/88. Luc. 88. Cöln 93; *Blunder* Salzb. 84. *Plunder* Salzb. 87, beides Würzb. 1710; *butzen*, *Auffbutz* Wien 80 83, Salzb. 83/1710. Luc. 88. Wüzb. 1710, Cöln 93. aber *Putz*, *putzen* schon Mw80.

Fremdwörter mit ursprünglichem *p*: *bredigen* Aw83a. sonst überall *predigen*; *Buntzer* und *Puntser* Wien 83, nur *Puntzer* Salzb. 83/87. Luc. 88. Cöln 93; *Beltz*, *Blatte* Salzb. 1703/10.

Mit ursprünglichem *b*: *Bossen* Salzb. 84/87, *Bossen* und *Possen* Würzb. 1710; *Heer-Bauker* Salzb. 1703, aber *Heer-Pauker* Salzb. 1705/10.

Ferner wo heute *b* gilt: *vereinparen* Aw83n, aber *vereinbaren* Aw83a 83b s83.84,87 Lc88 c93, *Kinpacke* Würzb. 1710, aber *Kinnbacke* Wien, Salzb., Luc., Cöln; *Päschel* oder *Bäschel* Würzb. 1710, aber *Bäschel* Wien. Salzb., Luc., Cöln; *Wildprät* und *Wildbrät* (oder *Wildbret*) Aw83 s83, nur *Wildprät* As84,87 Luc. 88 c93. Hier ist *p* aufzufassen als Ueberbleibsel consonantischer Assimilation: im Mhd. erscheint bereits neben dem gewöhnlichen *wiltbraete* auch *wiltpraete* (Weinhold, Mhd. Gr. § 155).

Ebenso erklärt sich *p* für *b* in der Verbindung *sp*: *Augſpurg*, *Regenſpurg*, *Habſpurg*. Denn hier wird nach obd. Silbenteilung *s* mit dem folgenden *b* in der Aussprache verbunden, was Schärfung des *b* zu *p* bewirkt, vgl. z. B. mhd. *deste* = *des diu* (Paul, Mhd. Gr. § 71 Anm. 4). Mir sind nur diese Formen begegnet und zwar in den Salzburger, Wiener und Würzburger Drucken. Dagegen steht da, wo dem *b* kein schärfendes *s* voraufgeht, stets *b*: *Lüneburg*, *Brandenburg*, *Saltzburg*. Uebrigens hat sich jenes *p* in österreichischen Familiennamen bis heute gehalten z. B. *Auersperg*.

Fremdwörter mit ursprünglichem *p* oder *b*: *brafer* Mw80 oder *braffer* Ms84, doch *praffer* Ms87; *Buckel* Salzb. 84, aber *Puckel* Würzb. 1710, beides Salzb. 87, das erstere auch Wien 83, Salzb. 83, Lucern 88, Cöln 93.

Im Inlaut Schwanken zwischen *b* und *p* für mhd.
b oder *p*.

Wiederum infolge consonantischer Assimilation trat schon im Mhd. *p* für *b*, das durch Synkope von *e* mit *t* verbunden wurde, auf in *houpt* neben *houbt* für ursprgl. *houbet*. In den untersuchten Drucken Abrahams aus Wien und auch in denen aus Würzburg von 1710 findet sich hier öfter noch das alte *b* vor: *Haubt*, *Enthaubtung*, *enthaubt*, *behaubten*, wofür in den übrigen Ausgaben, aus Salzburg, Lucern und Cöln, stets die gemeindeutschen Schreibungen *Haupt*, *Enthauptung* etc. eingesetzt werden. Dass die Form *Haubt* in so später Zeit noch vorkommt, wird sich daraus erklären, dass in mundartlicher Aussprache durch den Einfluss der vorausgehenden Länge das ursprgl. *e* der zweiten Silbe — wenn auch nur als schwacher Uebergangslaut — noch bewahrt und infolge davon auch das weiche *b* noch hörbar gewesen ist. Die obd. Grammatiker der Zeit sind hier verschiedener Meinung. Omeis verlangt noch *Haubt*, Chlorenus: '*Haubt* billig per *b* und nicht *p*', aber Antesperg: 'falsch ist *Haubt* für *Haupt*.'

Der in mundartlicher Aussprache zwischen labialem Nasal und Dental sich einstellende Uebergangslaut, den die nhd. Gemeinsprache ausscheidet, die obd. Schriftsprache bis tief ins 18. Jh. erhält, wird bei Abraham bald *b* bald *p* geschrieben: *Amt* Ns 1705 *Ambt* Gr w 80 wbg 1710, *Ampt* Ns 1710 Gr s 84, 87, 88 Lc 88; *Aemter* oder *Aembter*, *Beamte* oder *Beambte* Aw 83 a 83 b s Lc c, *Aempter*, *Beampte* Aw 83 n; *verdambt* Aw 83 a s *verdampt* Al c c beides Aw 83 n, aber *verdammt* Aw 83 b; *sambt* Aw 83 a 83 b s Lc c Ns 1703, *sampt* neben *sambt* Aw 83 n, *samt* Ns 1705, 10; *gesambte* As Lc c, *gesampte* Aw 83 n, *gesamte* Aw 83 a 83 b; *allesambt* Aw s Lc, *allesampt* Ac. Im niedöstr. Dialekt ist heute noch in diesen Fällen ein scharfes *p* zu hören (Nagl, Roanad S. 464 § 110).

Auch das sonst in mundartlicher Aussprache nach *m* auftretende *b* erscheint bei Abraham dem östr. Dialekt gemäss bisweilen (in Wiener und Salzburger Drucken) als *p*: *krumpe* Mw 80, aber *krumbe* Ms 81 87, *erkrumpe* Ns 1703, *erkrumme* (mit Assimilation) Ns 1705, 10, ebenso *geschimpelt* Ns 1703, aber *geschimmelt* Ns 1705/10; vgl. dazu Nagl, Roanad: *krump*, *khump*, *neamp* (S. 137 V. 168, S. 358 IIIa, S. 54 V. 38).

Endlich wechselt inlautend *b* mit ursprünglichem *p* in mhd. *bâbes* (lat. *papas*), das auch heute noch keine feste Schreibung hat. Gewöhnlich findet sich *Pabst* (so Aw83 s83/87 Lc88 c93 Ms84/87 Ns1703/10 und Würzburg 1710), das moderne *Papst* kommt nur vor Aw83n und Mw80.

3. Spiranten.

Die Unsicherheit des oberdeutschen Sprachgefühls hinsichtlich der Grenzen zwischen Lenis und Fortis ist auch Anlass gewesen zu einer häufigen Verwechslung der *s*-Laute in den Drucken Abrahams. Oft ist dabei jedoch wieder in einzelnen — namentlich jüngeren — Ausgaben Anpassung der Schreibweise an die der Gemeinsprache zu bemerken. Ebenso wie die harten und weichen dentalen und labialen Verschlusslaute haben die — übrigens tonlosen — scharfen und weichen *s* in den oberdeutschen Mundarten Annäherung erfahren, sodass auch zwischen ihnen in der Aussprache nur ein mangelhafter Unterschied der Intensität besteht. Die Möglichkeit der Verwechslung wird dadurch noch gesteigert, dass die Gebiete beider Laute beim gewöhnlichen Sprechen je nach der Stellung der Spirans im Wort oder Satz, je nach der Beschaffenheit benachbarter Consonanz u. s. w. durch Verschärfung oder Erweichung (z. B. stammhafte und Enderweichung) vielfach in einander übergreifen.[1])

Mhd. *s* im Inlaut. *sauffen* Aw83, aber *saufen* As Lc c; *Gaifel* oder *Gaifsl* Aws, nur *Geiffel* Alc c (nhd. *Geifsel*); *blaffen* Ns1703, doch *blafen* Ns1705/10; *angeblaffen* Aw83b, *angeblafsen* Aw83a 83n s Lc c; *verzaufst* As87 Lc88 c93, *verzauft* Aw83 s83 81. Ferner *Efslin* neben *Efelin* Aw83a 83b s Lc c, doch *Eslin* oder *Efelin* Aw83n. Ausserdem nach *ch*: *Achfsel* Aw s Lc, doch *Achsel* Ac93.

Mhd. *s* im Auslaut. *Grafs* Ms84/87, aber *Gras* Mw80; *Glafs* Ms84/87, doch *Glas* Mw80; *Haafs* Ms84 87, *Haas* Mw80; *Hauſs* (aber *Häufer*) Ms84 87 Aw s Lc c Ns1703/10, aber *Haus* schon Mw80; *Maufs* Aw s Lc c; *Paradeifs* Ms84 87 Aw s Lc c, *Paradeis* Mw80; *Reifs* Ms84/87 Aw83n s Lc c, *Reis* Mw80 Aw83a 83b; *die Weifs* Gr w80's Lc wbg, aber *die Weis* Gr w80s.

---

[1]) Schmeller S. 144 ff.; Nagl, Roanad S. 465 ff. § 117—122.

Preifs (aber *preyfsen*) Aw s Lc c: *Böfswicht* Ms 84/87, doch *Böswicht* Mw 80; *Aufs* Aw s Lc c; *Halfs* Ns 1703/10 Gr w 80⁴ s Lc, *Hals* Gr w 80⁵ wbg; *defs* Aw s Lc Gr w s Lc Ns 1703, aber *des* Ac 93 Gr w bg 1710 Ns 1705/10; ferner *Zinfs* Mw 80 s 84 87; *Hannfs* Gr s Lc oder *Hanfs* Gr w wbg.

Mhd. z im Inlaut. *reifen* (rapio) Aw 83 n, aber *reiffen* Aw 83 a 83 b s Lc c; *er zerreift* Gr w s 88 Lc wbg, doch *zerreifst* Gr s 84, 87; *rersäft* Gr w 80⁵ s Lc wbg, aber *rersäfst* Gr w 80⁴; *er gieft* Gr w 80⁵, *er giefst* Gr w 80⁴ s Lc wbg; *es heift* Gr w 80⁵ s Lc wbg, *es heifst* Gr w 80⁴; *entblöft* Aw 83 b 83 n s Lc c, doch *entblöfst* Aw 83 a; *er beift* Aw 83 s 83, aber *beifst* As 84/87 Lc c; ferner *er frift* Aw 83 s 83, doch *frifst* As 84/87 Lc c; *er fafte* Aw 83 n s Lc c, aber *fafste* Aw 83 a 83 b; *gefaft* Gr w 80⁵, doch *gefafst* Gr w 80⁴ s Lc wbg.

Mhd. z̦ im Auslaut. *man weis* Aw 83 n, aber *man weifs* Aw 83 a 83 b s Lc c; *Gelös* Mw 80, *Gelöfs* Ms 84 87.

Mhd. ss. *Bildnufs* Ms 84/87, aber *Bildnus* Mw 80; *Finsternufs, Wildnufs* Aw s Lc, *Finsternäs, Wildnäs* Ac 93; *Gedächtnufs* Ns 1703, *Gedächtnus* Ns 1705/10.

VII. Epithese von Consonanten.

1. Epithese von t oder d.

Ein in mundartlicher Aussprache nach gewissen Consonanten im Auslaut eines Wortes oder Compositionsgliedes sich einstellendes *t* erhält sich besonders in den Wiener, Salzburger und Lucerner Drucken Abrahams wie überhaupt in der obd. Schriftsprache des 17. und 18. Jahrh. auch öfter da, wo es die nhd. Gemeinsprache ausscheidet. Dieser Zutritt von *t* zeigt sich bei Abraham insbesondere nach *n, s, ch*: nach diesen Consonanten kann man ihn häufig auch noch heute im Niederösterreichischen beobachten,[1]) sporadisch auch im Bairischen und Schwäbischen.[2])

Nach n. *dessentwegen* Lw 80 s 84/87; *dessenthalben* Lw s;

---

[1]) Vgl. Nagl, Roanad S. 91 V. 103, S. 94 V. 107, S. 165 V. 204 d. ε, S. 372 V. 378, S. 225 V. 273.

[2]) Vgl. v. Muth, S. 24 VII a; H. Fischer § 53.

wessenthalben Ns1703/10; *leidentlich* Aw s Lc c, daneben *leidenlich* Aw83 s83/84.

Nach s. *deſtwegen* Gr w 80⁴ s84,87,88 Lc 88, aber *deſswegen* Gr w 80˜ wbg 1710 (Nagl. Roanad S. 200 V. 234): *benebenst* Gr w 80, aber *beynebens* Gr s Lc wbg; *anderst* (Adv.) Aw 83 s 83, *anders* As 83/87 Lc c.

Schwanken herrscht auch noch, wo *t* in die Schriftsprache gedrungen ist: *eines* neben *einest* Aw 83 s 83, nur *einest* As 84, 87 Lc c; *mittels* Gr w 80˜ s 84 83 Lc 88 wbg 1710, aber *mittelst* Gr w 80⁴.

Nach **ch.** *eidbrüchtig* oder *eidbrüchig* Aw s Lc c.

Einschub eines *t* nach *n* vor *sch* findet sich in der Salzburger Ausgabe des 'Narrn.' von 1703: *wüntschen, gewuntschen*, wofür 1705 und 1710 *wünschen, gewunschen* eingesetzt wird. Nagl hat diese Einschiebung eines *t* zur scharfkantigeren Unterscheidung eines voraufgehenden *n* vom folgenden *sch* noch heute in dem östr. Dialekt beobachtet, z. B. *maintschn (Menschen)*, Roanad S. 9 § 3, 2.

Zwischen *n* und *l* wird in östr.-mundartlicher Aussprache leicht ein *d* eingeschoben, vgl. Roanad (S. 44 V. 12, S. 205 V. 242) *brindl (Brünnlein)*. Ein Beispiel dieser Art ist das in den Drucken des 'Narrn.' aus Salzburg vom 1703,05.10 vorkommende Deminutiv von *Kanne*: *Kandl*.

2. Epithese von b nach m.

Die Erscheinung der Epithese von *b* nach *m* kennt die nhd. Schriftsprache nicht mehr. Sie hatte aber, bereits seit alter Zeit bestehend, in der älteren nhd. Litteratur noch weite Verbreitung[1]) und sie lässt sich, obgleich viele md. und obd. Grammatiker wie Schottel (Hauptspr. S. 204), Bödiker (I 1, 12), Girbert (Tab. 5), Omeis (S. 303), Chlorenus (S. 233) und Antesperg (S. 319) dagegen auftraten, bei obd. (kathol.) Schriftstellern auch noch im 18. Jahrh. nachweisen, so z. B. bei Conlin, in der Jesuiten-Poesie, im Parn. boicus u. a. Was die Aussprache in den heutigen obd. Mundarten betrifft, so ist im Schwäbischen bis auf ein paar vereinzelte Fälle die Lautgruppe *mb* zu *m* geworden, während sie im Bajuvarischen

---
[1]) Vgl. Kehrein § 153; Weinhold, Dial. S. 67.

auch jetzt noch besteht.[1]) Bei Abraham bestehen im einzelnen fortwährend Abweichungen zwischen den verschiedenen Drucken. Im allgemeinen gilt, dass die ein- oder angeschobenen *b* in den ältesten Ausgaben am häufigsten sind, dagegen in den jüngsten, besonders aus Würzburg, Cöln und Salzburg von 1705, 10 mehr oder weniger absichtlich nach dem Muster der Gemeinsprache getilgt werden.

Im Inlaut vor Vocalen. *inheimbisch* Aw83 s83, *inheimisch* As84, 87 Lc88 c93: *grausamber* Aw83 s83, *grausamer* As84/87 Lc88 c93; *Heiligthumber* Aw s Lc, *Heiligthümer* Ac93; *seltzamber* Aw s Lc, *seltzamer* Ac93; *Geheimber* Grw80, *Geheimer* Gr s Lc wbg; *bedachtsamben* Ns1703, *bedachtsamen* Ns1705, 10; *Armben* Ns1703, *Armen* Ns1705/10; *forchtsambe* Ns1703, *forchtsame* Ns1705 10. Vor *l*: *heimblich* Aw s Lc Ns1703, doch *heimlich* Ac Ns1705, 10; *nemblich* Aw s Lc c Grw s Lc Ns1703, aber *nemlich* Grwbg Ns1705 10; *zimblich* Ns1703, *zimlich* Ns1705, 10; *samblen* Ns1703, doch *sammlen* Ns1705 10; *versamblet* Ns1703, *versammlet* Ns1705, 10; *Versamblung* Gr w s Lc, *Versammlung* Gr wbg. Vor *s*: *benambsen* Gr w s Lc, aber *benahmsen* Gr wbg; *embsig* Gr w 80⁴ s Lc wbg Ns1703/10, doch *emsig* schon Grw80ˢ; im Genetiv: *Kayser-Thumbs* Aw83 s83 Lc88 c93, aber *Kayser-Thums* As84 87. Vor *t*: *berühmbt* Aw83 Gr s Lc Ns1703, *berühmt* As Lc c Gr w wbg Ns1705/10; *gesambt* Gr w 80⁴ s Lc, *gesamt* Gr w 80ˢ wbg; *sambt* Ns1703, *samt* Ns1705/10; *unverschambt* Ns1703, *unverschähmt* Ns1705/10; *geraumbt* Ns1703, *geraumet* Ns1705/10; *er nimbt* Ns1703, *er nimmt* Ns1705 10; *er kombt* Ns1703 Gr s Lc, *er kommt* Ns1705 10 Gr w wbg.

Im Auslaut nach haupttonigen Silben. *Leimb* Aw83 s83, aber *Leim* As84/87 Lc88 c93; *Faimb* Aw s Lc, *Fäim* Ac93; *heimb* Ns1703, *heim* Ns1705, 10; *Armb* Ns1703, *Arm* Ns1705/10; *komb* Gr s84/87 Lc88, *komm* Grw80 s88 wbg 1710. Ueber *umb*, *krumpe* und dergl. siehe unten S. 69.

Nach nebentonigen Silben (-*sam*, -*thum*). *bedachtsamb* Aw83 s83 87, *bedachtsam* A Lc88 c93; *langsamb* As83/87 Lc88, *langsam* Aw83 c93; *grausamb* Aw s Lc, *grausam* Ac93; *gleichsamb* Gr s Lc, *gleichsam* Gr w wbg; *heilsamb* Gr w 80ˢ s Lc, *heilsam*

---
[1]) H. Fischer § 52; Nagl, Roanad S. 366 V. 377, S. 466 § 119, S. 462 § 100, S. 365 unter 2. Plur. b, S. 464 § 110 und die unter Epithese von *t* genannten Citate.

Gr w 80⁴ wbg; *genugsamb* Ns 1703, *genugsam* Ns 1705 10; *folgsamb* Ns 1703, *folgsam* Ns 1705/10; *Irrthumb* Gr w 80ˢ s Lc, *Irrthum* Gr w 80⁴ wbg; ferner *Leichnamb* Ns 1703, *Leichnam* Ns 1705/10.

VIII. Einzelheiten aus dem Consonantismus.

1. ch für nhd. h.

Der im Ahd. und Mhd. bestehende Wechsel für altes germ. *h*: Hauchlaut im Silbenanlaut, Spirant im Silbenauslaut und in den Verbindungen *ht* und *hs* ist bekanntlich im Nhd. meist zu Ungunsten von *ch* beseitigt, z. B. mhd. *sëhen, er siht, sach*, nhd. *sehen, er sicht, sah*. In den obd. Mundarten aber, besonders im Bairisch-Oesterreichischen, hat sich diese Regel bis heute noch gut erhalten, nur dass *ch* auch häufig — bereits seit dem Ende des 13. Jahrh. — im Inlaut an die Stelle von *h* tritt.[1]) Daher findet man bei obd. Schriftstellern bis ins 18. Jahrh. hinein Schreibungen wie *Viech, Schuch, Rechbock, Ziech-Pflaster, rauch, schmächlich; er sicht, ziecht, entfliecht, es geschicht, geweicht; rauche, hocke*, etc. (Heribert v. Salurn, Conlin Parn. boicus, Jesuiten-Poesie u. a.). Auch bei Abraham kommen in den älteren obd. Drucken solche Formen vor, in den jüngeren werden sie gewöhnlich durch die gemeindeutschen ersetzt.

Im Auslaut. *Viech* Mw 80 Aw 83 s 83 Ns 1703/05, aber *Vieh* Ms 84/87 As 84/87 Lc 88 c 93 Ns 1710; *Schuch* Ns 1703, *Schuh* Ns 1705/10; *Handschuech* Aw 83 s 83, *Handschuch* As 84/87 Lc 88, *Handschuh* Ac 93; *Handschuch* Lw 80, *Handschuh* Ls 84/87; *rauch* Lw 80 s 84, *rauh* Ls 87; ferner wo heute *h* ganz geschwunden ist: *Scheuch* Lw 80 s 84, doch *Scheuh* Ls 87; *Befelch* Aw s Lc Ns 1710, aber *Befehl* Ac 93 Ns 1703/05.

Vor *t*. *er sicht* Nw 80 s 84, aber *er siht* Ms 87; *es geschicht* Mw 80 und noch Ns 1703/10, doch *geschiht* Ms 84/87; *er ziecht* Gr w 80 wbg 1710, *zieht* Gr s 84 88 Lc 88; *abziecht* Ns 1703, *abzicht* Ns 1705/10; *geweicht* Aw 83 n, *geweiht* Aw 83 a 83 b s Lc c.

---

[1]) Braune, Ahd. Gr. § 150 ff.; Paul, Mhd. Gr. § 66, 114; Weinhold, BGr. § 187; Schmeller § 495; Nagl, Roanad S. 173 V. 209 β, S. 470 § 137, S. 368 V. 377, S. 469 § 133; Castelli S. 7; H. Fischer § 62.

Im Inlaut vor Vocalen. *richisch* As83 oder *viechisch* Ns1703.05, aber *richisch* Aw83s84/87 Lc88c93 Ns1710; *rauche* Lw80s84, *rauhe* Ls87; *hoche* Ns1703, doch *hohe* Ns1705 10; *die Höche* Ns1703, *die Höhe* Ns1705,10.
Uebrigens ist auch dem Schlesischen *ch* für nhd. *h* nicht fremd.¹)

2. ch für k im Auslaut nach Liquiden.

Nach Liquiden zeigt sich zuweilen in obd. Drucken Abrahams Uebergang von *k* zu *ch*. Diese Erscheinung ist schon seit alter Zeit, wie bekannt, dem Obd. eigen und noch heute besonders im Bair.-Oesterreichen anzutreffen.²) *Geflügelwerch* Grw80s84/87, aber *Geflügelwerck* GrLc88 wbg1710; *Kalch* Ns84/87 wbg1710 (so auch im Parn. boic.); ferner wo heute *g* gilt: *Sarch* Aw83s83,87, *Sarck* ALc88c93. Auch diesen Uebergang von *k* zu *ch* kennen die schlesischen Mundarten. Weinhold führt z. B. *handtwerch* an (Dial. S. 85; Kehrein § 210).

3. Wechsel von pf und f.

Altes durch Verschiebung von *pp* entstandenes *pf* hat sich sich sehr lange bewahrt in *scharpf*³), bei obd. katholischen Schriftstellern selbst des 18. Jahrh. erscheint es noch ganz gewöhnlich, z. B. bei Conlin, in der Jesuiten-Poesie, im Parn. boicus u. a. In den Wiener, Salzburger und Lucerner Drucken Abrahams ist daher *scharpff* auch die üblichere Form, wird aber in den mitteldeutschen aus Cöln und Würzburg vielfach durch das gemeinsprachliche *scharf* ersetzt. Ein anderes Beispiel dieser Art ist *schleipffen* Ms84 87 Grw80⁴sLcwbg, wofür *schleiffen* Mw80Grw80ˢ AwsLcc.⁴) Lauchert führt a. a. O. S. 83, auch *Harpfen* an.

¹) Weinhold, Dial. S. 86 f., Kehrein § 209 f.
²) Paul, Mhd. Gr. § 95; Weinhold, BGr. § 186; Schmeller § 507; Nagl, Roanad S. 136 V. 168, S. 465 § 113; Castelli S. 12; H. Fischer, S. 66 §. 58.
³) Vgl. Braune, Ahd. Gr. § 131 Anm. 5; v. Bahder, Grdl. Einleitung.
⁴) Vgl. Braune, Ahd. Gr. § 96 Anm. 1; Paul, Mhd. Gr. § 76 Anm.

4. Erhaltenes altes mb. mp gegenüber gemeindeutschem m, mm.

umb Aw s Lc, aber *um* Ac 93; *warumb* Aw s Lc, *warum* Ac 93; *kurzumb* Ns 1703, doch *kurzum* Ns 1705/10; ferner *krumpe* Ns 1703, aber *krumme* Ns 1705/10; *Lämblein* oder *Lämmlein* Aw s Lc c etc.

Anhang.

Consonantenhäufung.

Die Orthographie der hier untersuchten Drucke Abrahams leidet noch sehr an der bekanntlich vorzugsweise in der kaiserlichen Kanzlei beliebten und in der obd. katholischen Litteratursprache bis ins 18. Jahrh. üblichen schnörkelhaften Häufung der Consonanten. Ganz besonders gilt dies von den Salzburger Ausgaben bis zum Jahre 1703, von denen aus Lucern und der Mehrzahl derer aus Wien; in den übrigen aber, so schon 'Mercks-Wien', Wien 1680, ferner vielfach in den Würzburger und Cölner Drucken und vor allem sehr geflissentlich in denen des 'Narrn.' von 1705 und 1710. werden jene veralteten Schreibungen wiederum ersetzt durch die modernen gemeindeutschen.

Insbesondere findet Verdopplung statt bei *t, f, l, n,* und zwar:
1. nach Länge oder Diphthong inlautend: *streitten* Aw s Lc, aber *streiten* Ac 93; *Begleittung* Aw s 83/84 Lc, *Begleitung* As 87 c 93; *begleitten* Ms 84/87, *begleiten* Mw 80; *Laitter* As Lc, *Laiter* Aw 83, *Leiter* Ac 93; *Reitter* Aw 83 a 83 b s Lc, *Reuter* Aw 83 n c 93; *Anleittung* Gr s 84,88, *Anleitung* Gr w Lc wbg; *underbraitten* Ns 1703, *unterbreiten* Ns 1705/10; *braitte* Ns 1703, *breite* Ns 1705 bis 1710; *lautter* Ns 1703, *lauter* Ns 1705/10; *Beuttel* Ns 1703, *Beutel* Ns 1705 10; *bedeutten* Ns 1703, *bedeuten* Ns 1705/10. *Eyffer* Gr w s Lc Ns 1703, *Eyfer* Gr wbg 1710 Ns 1705/10; *lauffen* Aw s Lc, *laufen* Ac 93; *Sailler* Aw 83 s 83, *Seiler* As 84/87 Lc c; *Hailland, ertheillen, failllen, Heullen* Aw 83 n, aber *Hailand, ertheilen, failen, Heulen* Aw 83 a 83 b s Lc c; *faullen* Aw 83 s 83, *faulen* As 84/87 Lc c. *Dienner* Gr s 84. *Diener* Gr w s 87/88 Lc wbg.

2. Nach oder vor Consonanten; *wartten* Ns 1703, *warten* Ns 1705/10; *antwortten* Ns 1703, *antworten* Ns 1705/10. *Pulffer* Aw s 83, *Pulver* As 84,87 Lc 88 c 93. *unnd* As 83/84 Gr s 84/87

Ns 1703. und Aw s 87 Le c Ns 1705 10 Gr w s 83 Le wbg: *Hannfs Grs Le, Hanfs Gr w wbg.*

3. Im Auslaut: *Streitt* Aw s Le Ms 84/87. *Streit* Ac 93 Mw 80; *streittbar* Ms 84/87, *streitbar* Mw 80. *auff* Aw s Le c Gr w s Le Ms 84/87 Ns 1703, aber *auf* Gr wbg 1710 Mw 80 Ns 1705/10; *Auffzug* Ns 1703. *Aufzug* Ns 1705/10; *Auffgang* Gr w s Le, *Aufgang* Gr wbg 1710; *darauff* Ns 1703, *darauf* Ns 1705/10; *Graff* Gr w s 84/87 Le Ms 84/87. *Graf* Gr s 88 wbg 1710 Mw 80. *Heill, Eill, Weill* Aw 83 n, *Heil, Eil, Weil* Aw 83 a 83 b s Le c. *Wienn* Gr w 80⁴ s wbg. *Wien* Gr w 80ᵛ Le: *Zaunn* A Le 88, *Zaun* Aw s c. Nach Kürze: *Innhalt* Gr s Le. *Inhalt* Gr w wbg; *Innwohner* Aw s Le. *Inwohner* Ac 93. *Innbrunst* Gr s, *Inbrunst* Gr w Le wbg.

ck ist in allen untersuchten Drucken Abrahams noch ganz üblich in Fällen wie *Danck, Gedancke, Winckel, trincken, hincken Werck, starck, Stärcke, Wolcken* etc. Abweichungen von dieser Schreibweise bestehen öfter nur in der Wiener Ausgabe des 'Mercks-Wien' vom Jahre 1680, z. B. *würklich*, dagegen *würcklich* Ms 84/87; *wirken*, aber *würcken* Ms 84/87; *Markt*, doch *Marckt* Ms 84/87; *schwenken*, aber *schwencken* Ms 84/87, *schenken*, aber *schencken* Ms 84/87; *dalken*, doch *dalcken* Ms 84/87.

Flexion

IX. Verbalflexion.

1. Starke Verba.

1. Sing. Ind. Praes.

Diejenigen starken Verba, deren Vocal im Ind. Praes. zwischen *i* und *e* wechselt, bilden die 1. Sing. Ind. Praes. oft noch in alter Weise mit *i* und zwar in allen untersuchten, älteren wie jüngeren, Drucken Abrahams. Gewöhnlich wird dabei das *e* der Endung abgeworfen: *ich gib, begib mich, lifs, ifs,* aber mit Endungs-*e sihe* oder *siehe* (z. B. im 'Narrn.' u. 'Mercksw.'): *ich nimb, vernimb, sprich, versprich; ich wirff, underwirff,* aber *befihle.* Von *sehen* und *befehlen* kommt bisweilen vor *ich sehe, ich befehle* undvon *treten* und *meffen* nur *ich trete, meffe.*

Dergleichen Formen mit *i* haben auch andere obd. und westmd. Schriftsteller der Zeit noch oft wie Heribert v. Salurn, Conlin, Conrad v. Salzburg, Brinzing, die Jesuiten-Poesie, der Parn. boicus, Zinkgref, Spee (vgl. Kehrein § 338) u. a. Chlorenus schreibt zwar *ich sehe* vor, gebraucht aber selbst noch *ich sich, ich gieb;* Antesperg erklärt *ich nimm* etc. für falsch und verlangt die bekanntlich aus dem Mitteldeutschen stammende gemeinsprachliche Form *ich nehme.* In den obd. Mundarten hat die 1. Sing. Ind. Praes. bis heute das *i* bewahrt, z. B. ist dem Bairisch-Oesterreichischen noch durchaus gemäss: *ich ifs, stihl, nimm* etc.[1]

---

[1] Weinhold, Mhd. Gr. § 347, BGr. § 265; Schmeller § 933; Höfer § 91; Nagl, Conjugation S. 14 ff.; v. Muth S. 33, XIa.

2. Pers. Imp.

Der Imperativ starker Verba zeigt in allen Ausgaben sehr häufig das *e* der schwachen Flexion: *gibe, lise, sihe, vergisse; nimme, komme; wirffe; weiche; ziehe; lasse;* auch *stehe, gehe.* Diese Erscheinung ist schon in Denkmälern des 11. und 12. Jahrh. nachgewiesen.[1]) Solche falschen *e* finden sich z. B. noch bei Heribert, Conlin. in der Jesuiten-Poesie. (z. B. *lese, verlasse*), im Parn. boicus (*vergisse, lasse*). bei Spee, in der Gram. relg. u. a. Schottel (Haubt-Spr. S. 209) verwirft das *e* beim Imperativ überhaupt, ebenso Bödiker (Grundsätze 1690, I, 1, 14). doch gestattet er es bisweilen des Wohllauts wegen. Chlorenus hält *gieb, reit; lob, hör* für besser als *giebe, reite; lobe, höre,* verlangt aber stets *e* bei *siehe.* Antesperg vertritt kein bestimmtes Prinzip, sondern verfährt mit Willkür z. B. *ifs,* aber *liese* neben *lies, beginne,* aber *besinn, liebe* oder *lieb, wende,* aber *nenn, kenn* etc. Auch aus schlesischen Dichtern führt Weinhold (Dial. S. 126) diese *e* an.

1. und 3. Pers. Praeteriti.

Schon seit dem 12. Jahrh. zeigt sich in der 1. und 3. Sg. Praet. starker Verba zuweilen ein epithetisches *e*, im 14. und 15. Jahrh. wird es im Md. sehr häufig (vgl. Weinh. Mhd. Gr. § 374). Im Laufe der späteren Zeit hat es sich in der Schrift weit verbreitet.[2]) In den Drucken Abrahams ist es überaus häufig: *er sahe, gabe, geschahe, vergaffe; nahme; starbe, warffe; fande, truncke; schiene, schriebe, biffe, griffe; lieffe, hielte; stunde* etc. etc. Auch von den jüngeren modernisierenden Drucken sind diese Bildungen unberührt gelassen. Solche Formen sind im 18 Jh. bei obd. katholischen Schriftstellern wie z. B. bei Conlin. in der Jesuiten-Poesie, im Parn. boicus und bei Grammatikern wie Omeis. Chlorenus und Antesperg noch ganz gewöhnlich. Sie finden sich aber auch z. B. noch in dem 'Seelenschatz' Scrivers. gedruckt zu Leipzig 1711 und in Litzels Schriften: 'Jesuiten-Poesie' (Einleitung) und 'Der Undeutsche Katholik', die in Frankfurt. Leipzig und Jena 1730

---

[1]) W. Grimm. Altd. Gespräche 1, 17, Weinh. Mhd. Gr. § 371.
[2]) Vgl. Kehrein § 338, Karg, die Sprache Steinhöwels. Heidelb. 1884 (Diss.) S. 33 ff. und Weinh. Dial. S. 26.

und 1731 erschienen. Die genannten Formen müssen demnach in den ersten Jahrzehnten des 18. Jahrh. auch noch in der md. — insbesondere auch in der ostmd. — Schriftsprache üblich gewesen sein.

In betreff der Typen *ich gibe, gibe, gabe* verdient noch hervorgehoben zu werden, dass die auslautenden e den westmd. und obd. Mundarten (bis heute) ganz fremd und erst durch Entlehnung aus dem Ostmd. in die Drucksprache jener Landschaften gekommen sind, gleichwohl haben sie sich hier auch dann noch gehalten, als die fortschreitende Entwicklung der ostmd. Drucksprache sie — wenigstens im Imperat. und Praet. — bereits getilgt hatte. Beim jungen Goethe z. B., der darin westmitteldeutscher Tradition folgt, sind sie auch noch ganz gewöhnlich.[1])

Starke Verba mit sw. Praet.

Der Ind. und Conj. starker Verba wird öfter schwach gebildet. Der Ind.: *er besannte sich; es erschallte, quellte; er erhebte, tragte; es gleichte, scheinte* (selten *schiene*); *er hangte, fangte, blafte, ruffte*. Der Conj.: *er nehmete; verliehrete*. Auch diese Formen sind in den jüngeren Ausgaben nicht geändert, z. B. lassen sogar die md. Drucke aus Cöln und Würzburg stehen: *tragte, hebte, scheinte, gleichte, erschallte; verliehrete* etc. Nur für *tragte* steht im 'Narrn'. *trug*. Ausserdem wechselt *er wachsete* Ms84 87 mit *wuchse* Mw80.

Solche Bildungen gehören dem bairisch-österreichischen Dialekt an und erklären sich durch die hier heute voll durchgedrungene Abneigung gegen das starke Praeteritum, welche bewirkte, dass neben dem st. Conj. starker Verba ein schwacher aufkam, für den Ind. aber, der ganz ausstarb, entweder der Ind. Perf. oder auch jener sw. Conj. Praet. starker Verba eintrat.[2]) In den Schriften bairischer und österreichischer Autoren lässt sich diese Erscheinung im 17. und auch im 18. Jahrh. noch sehr häufig nachweisen, z. B. hat Conlin folgende Formen: *er sinnte nach; er hebte, fuhrte; er scheinte; er ruffte, fangte an* (Ind.), *er durchdringte* (Conj.); Jesuiten-Poesie: *er ruffte;*

---

[1]) Vgl. K. Burdachs obengen. Vortrag a. a. O. S. 173.
[2]) Vgl. Weinh. BGr. § 327; Schmeller § 960; Höfer § 68; v. Muth S. 31; Nagl. Conjugat. S. 23 und S. 11 unter f.

hebte (Ind.): Parn. boicus: *ich besitzte; ich scheinete; ich schlagte, verfuhrte; ich haltete, verlaffete* (Ind.). *ich ruffte; kommete, betreffete* (Conj.): Antesperg: *er schallte* oder *scholl* (Ind.). *ich quall* oder *quellte* (Ind.), *ich quälle* oder *quellte* (Conj.); *ich glich* (Ind.), aber *ich gliche* oder *gleichete* (Conj.); *ich miede* oder *meidete* (Ind.).

Für solche sw. Praeterita bringt Weinhold (Dial. S. 127) auch Belege aus Schlesien.

Starke Verba mit sw. Participien oder falsch gebildeten starken.

Ein schwaches Particip kommt in allen Drucken vor von *heben: gehebt*, seltener: *gehoben*, und von *hauen* (mhd. *houwen* st. und sw.) in den Wiener, Lucerner, Cölner und älteren Salzburger Ausgaben neben selteneren *gehauen: gehaut*, wofür in denen aus Salzburg von 1703 10 und Würzburg 1710 *gehauen* eingesetzt wird.

Die Form *gehaut* hört man heute noch im Bair.-Oest. (vgl. v. Muth S. 32); *gehebt* findet sich auch sonst, z. B. bei Heribert, bei Conlin. in der Jes.-Poesie. bei Spee, in der Gram. relg., auch bei Bödiker, bei Schlesiern (Weinh. Dial. S. 127) u. a. (vgl. Kehrein § 358. 370).

Bairisch sind auch das nach der Klasse *schreiben*. *geschrieben* gebildete Partic. Praet. von *erkiesen: erkiefen* ('Auff.'), (vgl. Schmeller § 949) und das nach der Klasse *biegen, gebogen* gebildete Partic. *geloffen*.[1])

Erstere Form behalten alle Drucke des 'Auff.', auch der Cölner, bei. letztere aber steht nur in den Wiener, Salzburger, Lucerner und Würzburger Ausgaben, in der Cölner dagegen: *gelaufen. geloffen* haben z. B. auch noch Omeis, Conlin. Jesuit.-Poesie. Parn. boicus und selbst Antesperg führt sie neben *gelaufen* an.

ge beim Partic. Praet.

Die Participia starker Verba (die schwacher nur selten) werden bei Abraham noch vielfach ohne *ge* gebildet, besonders häufig — alter Tradition gemäss — bei *gehen, geben, kommen, werden* (als selbst. Verbum). Auch die jüngeren oberdeutschen

---

[1]) Vgl. Schmeller § 949; Weinh. BGr § 277; v. Muth. S. 32.

und mitteldeutschen Drucke behalten diese Formen bei und wandeln sie nur selten in die gemeindeutschen um. Z. B. *sie haben ihm den Namen geben* Aw s Le C; *er hat ihme Vernunfft geben* Ns 1703/10; *er hat abgeben* Mw 80 s 84/87; *er hat aufsgeben, vorgeben* Aw s Le C; *er ist heim gangen, kommen* Aw s Le C; *sie seynd gangen, es ist vorkommen* Gr w s Le wbg; *er ist fortgangen, er ist mit dem Leben darvon kommen* Ns 1703/10; *er ist krank worden* Aw s Le C; *sie seynd nafs worden* Gr w s Le wbg; *er ist matt worden* Ns 1703 10. *er ware bunden* Lws; *er hat danach griffen* Aw s Le C; *er ist hervorkrochen* Aw s Le C; *er hats troffen* Aw s Le C; *welcher hat golten* Ns 1703/10; *ein brattne Ganfs* Ns 1703/10; *er hat hinweg bissen* Aw 83 s 83, aber *gebissen* As 84.87 Le 88 c 93; *er hat sie frey lassen* Gr Le 88, aber *gelassen* Gr w 80 s 84/88 wbg 1710.

Schwache Verba: *er habe auskehrt* Lw s; *er habe kaufft* Ns 1703/10; *er hat kitzlet* Ns 1703/10; *hat underbraittet* Ns 1703, doch *untergebreitet* Ns 1705/10; *er hat underlegt* Gr s 84 Le 88, *untergelegt* Gr w 80 s 87/88 wbg 1710; *umbkehrte Waar* Ns 1703/10.

Solche Participialbildungen sind, besonders von *gehen, geben, kommen, werden* (als selbst. Verbum), im 17. Jh. noch häufig (z. B. bei Sattler, Heribert; Gram. relg.; Scriver und bei schles. Schriftstellern, Weinh. Dial. S. 127) und auch von den Grammatikern noch nicht ganz verworfen. Z. B. sagt Schottel: 'In etzlichen Zeitwörtern wird 'ge' zuweilen ausgelassen (sonderlich in Reimen[1]), welches zu merken, nicht aber allezeit zu tuhn sein möchte | als *geffen* | für *gegeffen* | *gangen* | für: | *gegangen* | *kommen* | für: *gekommen*'. oder Bödiker (1690, S. 92): 'Wenn ein Verbum von der Sylbe 'ge' anhebet, als: *geben* | *gehen* etc., so steht's frey 'ge' zu setzen oder auszulassen, also: 'ich habe geben | oder gegeben': 'ich bin gangen | oder gegangen'. Bei obd. kathol. Schriftstellern wie z. B. Conlin, in der Jesuiten-Poesie, im Parnassus boicus, auch bei Omeis lassen sich solche Participia bis tief ins 18. Jahrh. hinein nachweisen. In der bairisch-österreichischen Mundart sind sie heute allgemein üblich.[2])

---
[1]) Man sieht hier das Bemühen, die mundartliche Verkürzung auf die Sprache der Poesie zu beschränken.
[2]) Höfer, Volksspr.; v. Muth S. 32 f.; Nagl, Conjugat. S. 13, 24.

2. Schwache Verba.

Synkope bei Dentalstämmen.

Im Partic. Pract. schwacher Verba tritt bei Dentalstämmen besonders in den älteren obd. Drucken sehr häufig Synkope ein, die mitteldeutschen und spätere oberdeutsche ersetzen hier zwar nicht immer, aber oft jene Formen durch die vollen, z. B. bei Stämmen auf *d*: *verwundt* Aw s Lc, aber *verwundet* Ac93; *abgebildt* Aw s Lc, *abgebildet* Ac93; *eingebildt* Ns 1703 05, *eingebildet* Ns 1710; *verwendt* Aw s Lc, *verwendet* Ac93; *abgewendt* Gr w 80, *abgewendet* Gr s Lc wbg; *entzündt* A w s Lc, *entzündet* Ac93 Ns 1703/10; *verschwendt* Aw 83 s 83 84, *verschwendet* As 87 Lc 88 c 93; *ermordt* Aw s Lc, *ermordet* Ac93; *geredt* Aw s Lc Ns 1703 05, *geredet* Ac93 Ns 1710; *geschmiedt* Aw 83 s 83, *geschmiedet* As 84/87 Lc 88 c 93 Ns 1703 10; *bekleidt* Aw 83, *bekleidet* As Lc c; *begnadte* As 84/87 Lc 88 oder *begnade* Aw 83 n, aber *begnadete* Aw 83 a 83 b s 83 c 93; *vorbedeut* Ms 84 87, *vorbedeutet* Mw 80.

Bei Stämmen auf *t*: *geantwort* Aw s Lc, *geantwortet* Ac93 Ns 1703, 10; *beobacht* Ns 1703 05, *beobachtet* Ns 1710; *gestalt* Aw s Lc c, *gestaltet* Ns 1703 10; *geschlacht* Aw 83, *geschlachtet* As Lc c; *aufsgebreit* Gr w 80 s Lc, *aufsgebreitet* Gr w 80 wbg 1710 und *untergebreitet* Ns 1703 10; *geleist* Aw 83 s 83 87, *geleistet* ALc 88 c 93.

Derartige synkopierte Formen sind bekanntlich bis ins 18. Jahrh. in der Schriftsprache zu finden, z. B. schreibt Herder noch: *geantwort, gestift, gericht*. Entsprechendes beim jungen Goethe.

Oefter kommt bei Abraham auch Synkope bei Dentalstämmen in der 3. Sg. Praes. vor. z. B. *er findt* Aw 83 s 83 87 Lc 88, aber *er findet* Ac93; *er wendt* Aw 83 s 83 87, doch *er wendet* ALc 88 c 93; *einbildt* oder *einbildet* Ns 1703, 10; *er antwort* Mw 80 s 84/87, *er antwortet* Ns 1703 10; *es bedeut* Aw s Lc c, *es bedeutet* Ns 1703 bis 1710; *er veracht* Aw s Lc c, *er verachtet* Ns 1703, 10; *er leut an* Ns 1703/10.

Umlaut im Praet. und Particip von *nennen, kennen, brennen.*

Die Verba *nennen, kennen, brennen* bilden in allen Drucken Abrahams das Praet. und Particip Praet. ohne sogen. Rückumlaut: *nennte, kennte, brennte; genennt,* seltener *genannt, erkennt, bekennt,* selten *bekannt* (Adj. immer *bekannt*)*, gebrennt.* Diese Formen waren im 17. und auch im 18. Jahrh. noch sehr häufig und galten auch bei den Grammatikern wie Schottel. Bödiker, Omeis. Chlorenus und Antesperg durchaus als gleichberechtigt neben denen ohne Umlaut. Z. B. führt noch Antesperg, ohne das eine oder andere als besser oder üblicher zu bezeichnen, an: *nennte, nannte; genennt, genannt, kennte, kannte: gekennt, gekannt, brennte, brannte; gebrennt, gebrannt.* In der Mundart der Niederösterreicher hört man auch heute noch und zwar nur *nennte, genennt* etc. (Nagl. Conjugat. S. 13).

Schwache Verba mit Participien starker Bildung.

Das schwache Verbum *fürchten* hat ein nach Art starker Verba gebildetes Particip *geforchten,* das auch in den späteren Drucken beibehalten wird. Von *wünschen* kommt in allen Drucken des 'Auff.' und des 'Narrn.' ein Particip *gewunschen* vor, während in den Ausgaben des 'Deo Gratias' die gemeindeutsche Form *gewünscht* steht. Beide Formen, *geforchten* und *gewunschen,* die übrigens auch Antesperg neben *gefürchtet* und *gewünscht* anführt, ohne sie geradezu zu verwerfen, sind bairischösterreichisch. Das Verbum *fürchten* geht in diesen Mundarten ganz stark nach der Klasse *helfen*,[1]) das Verbum *wünschen* bildet nur ein starkes Particip nach der Klasse *binden* (Schmeller § 950).

3. Flexion von sein, wollen, stehn, thun.

Von dem Verbum *seyn* gelten in allen Ausgaben Abrahams durchaus folgende Formen:

1. Plur. Ind. Praes. *wir seynd,* bisw. *wir seyn.*
3. Plur. Ind. Praes. *sie seynd,* bisw. *sie seyn,* vereinzelt *sie sind* Ns 1710.
1. und 3. Sg. Conj. Praes. *seye* oder *sey.*
3. Plur. Conj. Praes. *sie seyen* oder *seyn.*
1. und 3. Ind. Praet. *ware* oder *war.*
2. Imp. *seye, seyet.*

---

[1]) Schmeller § 926, S. 329; v. Muth S. 32.

Part. Praet. *geweft;* selten *gewesen,* z. B. Gr w s l c wbg Aw s l c c Ns 1705/10.

Diese Formen, *geweft* ausgenommen, lässt z. B. noch Bödiker (1690) und selbst Antesperg gelten, allerdings führen sie auch daneben die heutigen *wir sind, sie sind* etc. an. *geweft* bezeichnet Antesperg als 'rustice'. Heute noch ist es dem bair.-österr. Dialekt gemäss.[1])

Von *wollen* kommen im Praes. noch bisweilen in den Wiener, Salzburger und Luerner Ausgaben des 'Auff.' die alten, oberdeutschen e-Formen vor, nach jüngerer oberd. Weise (siehe oben S. 45) mit *ö* geschrieben, z. B. Inf. *wöllen;* Ind. Praes. *wir wöllen.* Conj. Praes. *man wölle,* im Cölner Druck steht dafür *wollen, wolle.*

Auch diese e-Formen sind heute noch in Oesterreich und Baiern üblich.[2])

Als Praet. von *stehen* ist nur die alte Form *stund* oder mit angehängtem *e stunde* üblich, die im 17. Jh. noch ganz gewöhnlich war, z. B. Bödiker: *stand* und *stund,* Girbert: *stund,* und bei Oberdeutschen auch noch im 18. Jh., z. B. kennt Antesperg nur: *ich stund.*

Von *thun* lautet die 1. und 3. Sg. Ind. Praet. stets noch in alter Weise, nur dass *ä* für offenes *e* steht, *thäte.* Bei den Grammatikern wie Girbert, Bödiker und Antesperg gilt nur noch *ich that.*

X. Nominalflexion.

1. Substantiva.

Plurale alter st. Masculina und Neutra abweichend vom Nhd. auf *er.*

Die beiden alten st. Masculina *Dorn* und *Baum* bilden bei Abraham regelmässig den Plural auf *er: Dörner* Wien 80/83 Salzb. 83 88 Luc. 88, Würzb. 1710. Cöln 93. *Bäumer* Wien 83, Salzb. 83/87 Luc. 88, aber *die Bäum* Cöln 93. Solche mit der ursprünglich nur neutralen Endung *er* gebildeten Plurale bei Masculinen, von denen einige wie *Geister, Leiber, Wälder* be-

---

[1]) Vgl. Höfer § 75; Schmeller § 951; v. Muth S. 32; Castelli S. 31.
[2]) Vgl. Höfer § 85; Nagl, Conjugat. S. 13 unter *i;* Schmeller § 928.

kanntlich in die nhd. Schriftsprache gedrungen sind, gehören schon seit dem 13., häufiger seit dem 14.,15. Jahrh. den obd. Mundarten an.¹) Die Plurale *Dörner, Bäumer* sind in den Schriften oberdeutscher Autoren des 18. Jahrh. wie bei Conlin, in der Jesuiten-Poesie, im Parn. boicus noch ganz gewöhnlich, sie haben auch bei dem österreichischen Grammatiker Antesperg noch durchaus Geltung, während sie Grammatikern wie Girbert in Mühlhausen und Bödiker in Berlin ganz unbekannt sind.

Bei dieser für die starke Declination im Obd. charakteristischen Neigung zum Plural auf *er* kann es nicht Wunder nehmen, wenn uns bei Abraham auch starke Neutra abweichend vom Nhd. mit Plural auf *er* begegnen, so bilden *Seil, Bein: Seiler, Beiner*, beides Wien 80,83, Salzb. 83 87, Luc. 88, Cöln 3. Diese Formen gelten wieder bei Antesperg (S. 30 ff.) noch durchaus neben *Seile, Beine*.

Alle die genannten Plurale auf *er* sind im Bairisch-Oesterreichischen heute noch ganz gebräuchlich (vgl. v. Muth. S. 28).

Starke Masculina und Neutra auf *er* und *el* mit sw. Pluralformen.

Masculina auf *er* und *el* zeigen bisweilen Neigung zu schwachen Pluralbildungen, die aber in späteren Ausgaben in starke umgewandelt werden: *die Aposteln* Ns1703, aber *die Apostel* Ns1705/10; *der Apostlen* Aw s Lc, *der Apostel* Ac93; *die Engelen* Aw83 s83, *die Engel* As84/87 Lc88 c93; *die Mackeln* Lw80 s84, *die Mackel* Ls87; *der Jüngern* Aw s Lc, *der Jünger* Ac93; beim Neutrum: *der Mitteln* Aw83 s83, *der Mittel* As84/87 Lc88 c93.

Diese Formen ziehen dann in ihre Analogie auch stark gebildete Plurale auf *er*: *der Gläsern* Gr w s Lc wbg; *der Wörteren* Aw83 s83, *der Wörter* As84/87 Lc88 c93.

Solche Vermischung starker und schwacher Flexion ist für die ältere nhd. Litteratursprache sehr charakteristisch. Kehrein giebt Beispiele dafür aus obd., md. und nd. Schriftstellern des 15.—17. Jahrh., ebenso Weinhold aus schlesischen Autoren.²) Bei Conlin, in der Jesuiten-Poesie, im Parn. boicus

---

¹) Weinhold, Mhd. Gr. § 449, S. 481, AGr. S. 415 f. BGr. § 339.
²) Kehrein § 275, 289, 300; Bojunga S. 127; Weinhold, Dial. S. 131 f. BGr § 339, AGr § 392.

findet sich z. B.: *der Richtern, Schreibern, Vätern, Zettlen, Teufelen, Aposteln, Himmelen; der Capitlen* etc. Für derartige Formen besteht heute noch in den bairisch-österreichischen Mundarten eine sehr starke Neigung.[1])

Schwache Singulare Femin. Gen.

Eine grosse Anzahl derjenigen Feminina, die heute den Plural schwach flectieren, bilden gewöhnlich und zwar durchaus noch in allen hier untersuchten Drucken Abrahams auch einen schwachen Singular. Das *n* dringt dabei auch in den Nom. Sing. Es gehören hierzu Feminina, welche im Mhd. teils stark, teils schwach, teils stark und schwach gingen.

Dies ist die gewöhnliche Art, wie in der älteren nhd. Litteratursprache die sw. Feminina flektiert werden[2]) Allerdings ist der Nom. Sing. *en* fast auf das obd. Gebiet beschränkt. Die übrigen Casus haben z. B. auch bei Scriver noch *en: der Sünden, die Sünden*. Die Grammatiker Girbert in Mühlhausen und Bödiker in Berlin bilden nur noch den Genet. und Dat. schwach: *Die Frau, der Frauen, der Frauen, die Frau*. (Grundsätze, 1690, 1 2. 3; Girbert, Tab. 21.) Dagegen nennt Antesperg noch folgende Formen (S. 30 ff): Nom. *die Woche,* besser als *Wochen;* Genet. *der Wochen;* Dat. *der Woche* besser als *Wochen;* Acc. *die Woche,* besser als: *Wochen*. Im Bairisch-Oesterreichischen lassen sich überhaupt in allen Casus die schwachen Bildungen noch bei Schriftstellern des 18. Jhs. nachweisen (vgl. Conlin, Jesuit.-Poesie, Parn. boicus) und in der Mundart leben sie heute noch fort.[3]) Bekanntlich gebraucht auch Goethe noch unter dem Einfluss der westmd. Tradition die Form *Frauen* im Singular, in seinen Briefen bis an sein Ende.

In den von mir benutzten Drucken Abrahams finden sich folgende heute im Plural schwach gehende Feminina mit schwachem Singular:

1. Alte starke Feminina.

Im Nom., Gen., Dat., Acc. Sg.: *die (der) Säulen*; im Nom.,

---

[1]) Vgl. Schmeller § 809; v. Muth S. 28; Nagl, Declination S. 15, 29.
[2]) Vgl. Kehrein § 313 –315; Weinhold, Dial. S. 133; Bojunga S. 170 ff.
[3]) Vgl. Schmeller § 849 ff.; Weinhold, BGr. § 349; Höfer § 48; v. Muth S. 28; Nagl, Declination S. 19.

Acc., Dat. Sg.: *die (der) Wüsten*; im Dat. Sg.: *auff der Decken;* im Acc. Sg. *eine Lügen.*
2. Alte schwache Feminina:
Im Nom., Gen., Dat., Acc. Sg.: *die (der) Kirchen.*
Im Nom. Sg.: *die Grillen, Mucken, Lauten, Rosen.*
Im Gen. Sg.: *einer Hauben.*
Im Dat. Sg.: *einer Katzen, Lerchen. Bachstelzen, Gaffen, Karten, Lantzen, Stauden, Geigen.*
Im Acc. Sg.: *eine Tauben, Blumen, Lilien, Dinten.*
3. Alte starke oder schwache Feminina:
Im Nom., Acc. Sg.: *die Nasen, Ruthen, Seiten.*
Im Nom., Dat. Sg.; *die (der) Sonnen.*
Im Dat. Acc. Sg. *der (die) Pforten.*
Im Nom. Sg.: *die Suppen, Saiten, Harffen, Wolken, Hütten.*
Im Dat. Sg.: *in der Strafsen, der Stangen, Schlingen, Erden, Wiegen.*
Im Acc. Sg.: *eine Ketten, Wunden, Kappen.*

Schwache Masculina mit dem Genetiv auf *ens*.

Alte schwache Masculina, die heute durchweg schwach gehen, hängen zuweilen im Genetiv Sing. an die Endung *en* ein *s* an, z. B. *defs Türckens*, so in allen, auch den jüngeren Drucken des 'Auff.'; *defs Löwens* Lw 80 s 84 87; *defs Hasens* Lw 80 s 84/87; *defs Menschens* bisw. in Wiener und Salzburger Drucken, dafür *defs Menschen* in denen aus Lucern, Würzburg und Cöln. Es liegt hier eine Vermischung alter starker Masculina auf *en* und schwacher vor, eine Erscheinung, die bekanntlich in der nhd. Schriftsprache in Substantiven wie *Wille, Willens* noch besteht. Auch diese Vermischung ist in der älteren nhd. Litteratursprache sehr häufig gewesen (Kehrein § 305—310). Sogar Antesperg decliniert noch förmlich: *der Knabe, des Knabens* oder *Knaben* und stellt unter diese Rubrik: *Graf, Hirt, Wille, Mensch, Fürst, Held, Herzog, Löw, Merz, Ochs, Pfaff, Prinz, Soldat*, alle ausländischen Nennwörter in *ant, ent, et, ist, it, ust;* item alle Namen der Nationen auf *e* ausgehend: *der Deutsche.*

Geschlecht der Substantiva.

In allen von mir benutzten Ausgaben Abrahams gilt noch vielfach abweichend von dem Gebrauch der nhd. Schriftsprache das specifisch obd. Geschlecht der Substantiva. Masculina sind folgende gemeindeutschen Feminina: *Angel, Eck, Fahn, Gewalt, Lufft, Luft, Pracht, Schneck, Tauff, Spitz, Sentenz, Zwytracht;* [in Aw83a 83b kommt bisweilen auch vor: *die Lufft, die Luft, die Spitz*]. Als Feminina gelten folgende gemeindeutschen Masculina: *Schoss* (der Lucern. Druck hat: *der Schoss*), *Strahlen, Zwyspalt* (neben *der Zwyspalt*). Als Neutra: *Orth, Tiger, Kefich, Hönig*. Als Feminina gelten folgende gemeindeutschen Neutra: *Gedächtnufs, Bekanntnufs, Hindernufs, Bildnufs. Bildnufs* auch Neutrum daneben in Aw83a 83b.[1])

2. Adjectiva.

Der Gebrauch in der Flexion des Adjektivums, wenn es nach dem bestimmten Artikel, dem Possessivpronomen und *dieser* im Nom. und Acc. Plur., nach *alle* im Nom. und Acc. Plur. und in der Anrede nach *ihr* steht, weicht noch sehr von der neuhochdeutschen Schriftsprache ab. Schon im Mhd. kommen in diesen Fällen Schwankungen vor.[2]) In den Drucken Abrahams wird in der Regel das Adjectivum in der genannten Stellung stark flektiert. Auch die jüngeren oberdeutschen und mitteldeutschen Ausgaben ändern hier nicht. Das kann nicht Wunder nehmen, da dieser Gebrauch sich überhaupt in der ganzen Litteratursprache lange gehalten hat. Er findet sich am Ausgang des 17. Jahrh. auch noch bei Nieder- und Mitteldeutschen wie Scriver, Bödiker, Girbert und auch bei oberdeutschen Grammatikern wie Omeis und Antesperg. Letzterer schwankt noch zwischen *die schöne* und *die schönen Männer, Frauen, Güter*. Chlorenus dagegen verlangt die schwache Flexion. Aber bei oberdeutschen katholischen Schriftstellern wie Conlin, in der Jesuiten-Poesie, im Parn. boicus ist der Gebrauch noch bis tief ins 18. Jahrh. so wie bei Abraham.

Im Nom. und Acc. Plur. nach dem bestimmten Artikel: *die wilde Thier; die vereinigte, christliche Potentaten; die arme Christen; durch die feindliche Waffen; für die hochlöbliche Herren; wider die arianische Ketzer; die faule Phantasten;*

[1]) Vgl. hierzu Schmeller § 581; Weinhold, BGr § 239 ff. AGr. § 274 ff. Höfer § 92.
[2]) Vgl. Weinhold, Mhd. Gr. §§ 518, 519, 520, 524, 525 und Max Rieger, Zs. f. d. Phil. Bd. IX, 494.

selten ist: *die wilden Thiere;* Auch wenn das Adjectivum substantivisch gebraucht wird, steht die st. Flexion: *die Mehriste, die Wenigste, die Unserige, die Seinige, die Stoltze und Hoffärtige.*
Im Nom. und Acc. Plur. nach dem Possivpronomen: *unsere häuffige Sünden, seine göttliche Gebott; seine offene und durchlöcherte Händ* (Acc.)*; an eure vereinigte Waffen; für ihre dunckle Augen* etc.
Im Nom. und Acc. Plur. nach dieser: *diese gedachte, so edle Landschafften* (Nom.)*; diese drey heiligste Personen* (Acc.).
Im Nom. und Acc. Plur. nach alle: *alle christliche Fürsten* (Nom.)*; alle geheiligte Tempel* (Acc.).

Nach ihr in der Anrede: *ihr ritterliche Helden; ihr üppige Kinder; ihr christliche Gemüther; ihr hellschallende Trompeten.*

Eine weitere Eigentümlichkeit, die häufig wiederkehrt, besteht darin, dass das Adjectivum oder Particip. Praet. in prädicativer Stellung die Endung *er* bekommt und in dieser Form auf alle Genera und Numeri bezogen, also geradezu wie ein Adverb gebraucht wird. Sehr auffallend ist, dass hier in den jüngeren, auch mitteldeutschen, Drucken — ein Fall im 'Narrn.' ausgenommen — nicht geändert wird. Aus 'Auff.': *Die Geistlichen wurden spöttlich entblöfter aufgehenckt; Amurath hat in die 40000 Christen gefangener mit sich geführt; Einer sahe in einem Wirths-Haufs Wein und Bier abgemahlter; dafs ihme die Hand an den Degen von lauter Blut angepickter gebliben; Dafs ihme 31 Wiegen mit Kindern angefüllter seynd vorgesetzt worden.* Aus 'Merksw.': *ein Kind* (Nom.) *noch in Mutterleib eingeschranckter; die Zecher, die er frühe vor der Thür todter gefunden.* Aus 'Löschw.': *wann Jemand dort viel Jahr verarrestierter ligt.* Aus 'Narrn.': *da sagte er unerschrokkener zu ihnen* 1703, *aber da sagte er unerschrocken zu ihnen* 1705 10; *die mehriste seynd alle ungespeister gebliben* 1703/10; *also schnitte er ihme einen Finger von der Hand und schicket selbigen eingeschlossener in Brieff* 1703 10.

Dieser Gebrauch ist specifisch süddeutschen Mundarten eigen und besteht heute noch.[1]) Bei Heribert v. Salurn

---

[1]) Vgl. Weinh. Mhd. Gr. § 515 S. 573; v. Muth S. 29.

findet sich z. B.: *er kommt kranker heim; wann er voller haim kommt; sie hat ihn gebundener geführt.*

3. Pronomina.

Hier sind nur wenige Einzelheiten zu erwähnen, die auch bei andern oberdeutschen Katholiken im 17. und noch im 18. Jh. wie z. B. bei Heribert v. Salurn, Conlin, in der Jesuiten-Poesie, im Parn. boicus ganz gewöhnlich sind.

Bei *ein, kein, mein, dein, sein, unser, euer, ihr* wird im Nom. und Acc. Sing. Fem. Gen. meist die unflektierte Form gebraucht. Dies gilt fast von allen hier untersuchten Drucken Abrahams, ein wirklich deutliches Bestreben, diese oberdeutschen Formen durch die flektierten, gemeinsprachlichen zu ersetzen, zeigt sich erst in den späteren Ausgaben des 'Narrn.' von 1705 und 1710: *ein gute Weil* 1703, *eine gute Weil* 1705/10; *für ein solche Nasen* 1703, *für eine solche Nasen* 1705 10; *ein Flotte* 1705, *eine Flotte* 1710; *auff ein Zeit* 1703, *auff eine Zeit* 1705 10; *ein Weifsheit* 1703, *eine Weifsheit* 1705/10; *in ein solche Cholera* 1703, *in eine solche Cholera* 1705 10; *in sein Schwester* 1703, *in seine Schwester* 1705/10; *in sein Allmacht* 1703, *in seine Allmacht* 1705 10 etc.

Bisweilen wird der Acc. Sing. Masc. *einen* zu *ein* verkürzt. z. B. *ein wahren König* Gr w s Lc wbg; *in ein einigen* Gr w s Lc wbg; *ein barbarischen Säbel* Aw 83 n s Lc c, aber *einen barb. S.* schon Aw 83 a 83 b; *ein wehemütigen Tanz* Aw 83 n s 83 Lc 88, aber *einen wehem. T.* Aw 83 a 83 b s 84 87 c 93; *ein Huet* Aw 83 n, *einen Huet* Aw 83 a 83 b s Lc c; *ein andern* Ns 1703, doch *einen andern* Ns 1705 10; *ein guten Nufsdorffer* Ns 1703, *einen guten Nufsd.* Ns 1705 10; *ein frischen Brunner* Ns 1703, *einen fr. Br.* Ns 1705 10.

Die Dative *ihm, dem* und der Acc. *ihn* erscheinen noch in allen Drucken sehr gern in alter zweisilbiger Form: *ihme, deme; ihne.*

Für den Genet. Sing. Fem. und den Genet. Plur. des bestimmten Artikels kommt in allen Ausgaben öfter noch die Form *dero* vor, für den Dat. Plur. die erweiterte Bildung *denen*, z. B. *unter denen Saracenern* Gr w 80, aber *unter den Saracenern* Gr s Lc wbg; *mit denen Herrn* Gr wbg 1710, aber *mit den Herrn* schon Gr w s Lc; *denen Christen* Aw s Lc c; *denen Ifraelitern*

Aw s Lc c; *denen Menschen* Ns 1703/10; *denen Leuthen* Ns 1703 10; *bey denen Printzen* Ns 1703/10 etc. Diese Form *denen* ist übrigens z. B. auch bei dem Norddeutschen Scriver und später noch in westmd. Litteratursprache, z. B. bei dem jungen Goethe, ganz gebräuchlich.

Als Dativ Sing. und Plur. Masc. wie Fem. Gen. der 3. Pers. des ungeschlechtigen Pronomens (Reflexivum) gilt wie auch bei gleichzeitigen Norddeutschen (siehe Scriver: Seelenschatz, Leipzig 1711) in allen untersuchten Ausgaben Abrahams oft noch der Dativ des geschlechtigen Pronomens: *ihm, ihr, ihnen*, z. B. *Der Saracener, welche ihme einbildet* Aw s Lc c: *Mahomet hat ihme selbst viertzig Weiber gehalten* Aw s Lc c; *Der reiche Prasser hat ihme selbst gute Tage angethan* Ns 1703/10: *sie hat vor ihr einen Bücher-Sack* Ns 1703/10; *die Mahometaner, welche ihnen viel zumuthen* Aw s Lc c; *wie etliche ihnen grundlofs traumen laffen* Aw s Lc c: *sie trauen ihnen nicht die Hand aus dem Beth zu recken* Ns 1703/10.

Dieser Gebrauch lebt heute noch in obd. Mundarten und auch in Schlesien fort.[1]

---

[1] Schmeller § 738; Weinhold, Dial. S. 137.

Einzelheiten aus der Wortbildung.

1. **Substantiva.** *Härl* Aw83 s83 87, aber *Härlein* ALc88 c93; *Söhnl* Aw83 s83/87, doch *Söhnlein* ALc88 c93; *Maidl* Aw83 s83/87, *Mägdlein* ALc88 c93; *Wörtl* Aw83 s83/87 Ns1703, aber *Wörtlein* ALc88 c93 Ns1705/10; *Schnapp-Bifsl* Ns1703, *Schnapp-Bifslein* Ns1705 10; *Würml* Aw83 s83 87, *Würmlein* ALc88 c93; *Herrl* Ns1703, *Herr* Ns1705,10; *Kuchel* Aw83 s83 87, *Küchel* ALc88, doch *Küche* Ac93.

Ausserdem Einzelheiten: *Predigt* kommt fast allein in den jüngeren Drucken aus Cöln, Würzburg und im 'Narrn.' von 1705 vor, sonst nur Grw80, in den übrigen älteren ist *Predig* üblich [vgl. mhd. *predigâte* und *predige*]. *Verlurst* Ns1703, *Verlust* Ns1705 10. *Zwiffel* Aws Lc, *Zwibel* Ac93. *Lezelter* Aws, *Lebzelter* ALc c. *Frombkeit* Aws Lc, *Frömmigkeit* Ac93. *Zwyspalt* Aws, *Zweyspalt* ALc88 c93; *Bildnufs, Finsternufs* etc. Wien, Salzb., Luc., Würzb., aber *Bildnüs, Finsternüs* Cöln.

2. **Adjectiva.** *eysenen* Ns1703, *eysernen* Ns1705 10. *steinene* Lw80, *steinerne* Ls84 87. *Ein einiger Rab, dein einiger Nahmen* Aw83 s83, aber *ein eintziger Rab, dein eintziger Nahmen* As84/87 Lc88 c93. Der *mittlere* neben *mittere* Grs Lc, nur *der mittlere* Gr w whg (vgl. mhd. *mitte* und *mittel*). Der *anderte* neben *der andere* in den Wiener, Salzburger und Lucerner Drucken [vgl. mhd. *ander* (Adj.) und *andert* (Adv.)], in denen aus Würzburg und Cöln wird *anderte* gewöhnlich durch *andere* ersetzt; *unersättig* Aw83, *unersättlich* As83 87 Lc88 c93; *beede* Aws3 s83 84, *beyde* ALc88 c93; *urbietig* Aws Lc, *erbietig* Ac93, *rechtgeschaffener* Ns1703, *rechtschaffener* Ns1705/10.

3. **Adverbia.** *darumben* Aw83 s83 87, *darum* ALc88 c93; *nemblichen* Aws Lc, *nemblich* Ac93; *dazumahlen* Aws Lc *dazumahl* Ac93; *damahl* Aws Lc, *damahls* Ac93; *wordurch* Aws Lc, *wodurch* Awc; *darfür* Ls84,87, *dafür* Lw80; *darmit* Aws Lc,

damit Ac93; *vorlieb* Aw83, doch *verlieb* As83/87 Lc88 c93; *eines* Aw83 s83, *einest* As84/87 Lc88 c93.

4. Comparation. In den älteren obd. Drucken Abrahams ist wie auch bei anderen gleichzeitigen obd. Autoren noch überaus häufig im Superlativ die alte Endung *ist* gebräuchlich. in den mitteldeutschen und denen aus Salzburg von 1705/10 wird sie dagegen vielfach durch das gemeindeutsche *est* oder *st* ersetzt: *wenigist* Aw s Lc Ns1703, aber *wenigst* Ac93 Ns1705/10; *gütigist* Ns1703 Aw s, *gütigst* Ns1705/10 ALc c; *gnädigist* Aw83 s83/84, *gnädigst* As87 Lc88 c93; *durchleuchtigist* Aw83 s83, *durchleuchtigst* As84/87 Lc88 c93; *mächtigist* Aws, *mächtigst* ALc c; *forderist* Ns1703 Gr s Lc, *förderist* Ns1705, *forderst* Gr w wbg, *förderst* Ns1710; *tapfferist* Aw83 s83/84 Lc88, *tapfferst* As87 c93; *kleiniste* Aw83 s83/87, *kleinste* ALc88 c93; *heiligiste* Gr w80 s87/88, *heiligste* Gr s84 Lc88 wbg1710; *berühmtiste* Gr w s Lc, *berühmteste* Gr wbg1710; *prächtigist* Gr w80, *prächtigst* Gr s84/88 Lc88 wbg1710 etc.

In allen, auch den jüngeren, Ausgaben kommt die dialektische Bildung *mehrist* vor, daneben ist auch *meist* üblich. Antesperg führt noch nebeneinander an *mehrestens* und *meistens*, ohne der einen von beiden Formen den Vorzug zu geben.

Berichtigung.

S. 21 Zeile 8 von unten lies Kapitel IV, 1 statt Kap. III, 1.

www.ingramcontent.com/pod-product-compliance
Lightning Source LLC
Chambersburg PA
CBHW020301090426
42735CB00009B/1167